# CHOIX

## DE

# 120 CANTIQUES

## POUR TOUTE L'ANNÉE

## A L'USAGE DES PAROISSES OU ÉCOLES

### SUR LES COUPES EN VERS ÉGAUX

#### POUR LES AIRS LES PLUS NOMBREUX ET LES PLUS FACILES A RETENIR.

### PAROLES DU RECUEIL DES 106 AIRS

#### MIS A 3 VOIX PAR CANAPLE

**En 2 parties, que l'on peut se procurer séparément**

<table>
<tr><td>

1<sup>re</sup> PARTIE
**JOURNÉE DU CHRÉTIEN**
Dogme, morale et Prière

</td><td>

2<sup>e</sup> PARTIE
**ANNÉE DU CHRÉTIEN**
Propre du Temps, Propre des Saints

</td></tr>
</table>

PRIX DE CHAQUE PARTIE 25 C.

# PARIS

REGNIER-CANAUX,     BLANCHET,
RUE SAINTE-APOLLINE, 17.     RUE CROIX-DES-PETITS-CHAMPS, 9.
Près de la porte Saint-Denis.     Près de la rue Saint-Honoré.

1857

# CHOIX

DE

# 120 CANTIQUES

## POUR TOUTE L'ANNÉE

### A L'USAGE DES PAROISSES OU ÉCOLES

SUR LES COUPES EN VERS ÉGAUX

POUR LES AIRS LES PLUS NOMBREUX ET LES PLUS FACILES A RETENIR.

PAROLES DU RECUEIL DES 106 AIRS

MIS A 3 VOIX PAR CANAPLE

**En 2 parties, que l'on peut se procurer séparément**

<table>
<tr><td>1<sup>re</sup> PARTIE<br>JOURNÉE DU CHRÉTIEN<br>Dogme, morale et Prière</td><td>2<sup>e</sup> PARTIE<br>ANNÉE DU CHRÉTIEN<br>Propre du Temps, Propre des Saints</td></tr>
</table>

PRIX DE CHAQUE PARTIE 25 C.

## PARIS

REGNIER-CANAUX,

RUE SAINTE-APOLLINE, 17.

Près de la porte Saint-Denis.

BLANCHET,

RUE CROIX-DES-PETITS-CHAMPS, 9.

Près de la rue Saint-Honoré.

1857

# FAUTES A CORRIGER.

Au Recueil des 106 airs, les 42 premiers airs ont été, par erreur, désignés par la coupe *aa*, et réciproquement les 10 airs suivants ont été désignés par la coupe *ad*. Le contraire devait avoir lieu, et la coupe de *ad* doit, pour la régularité de la classification des coupes, être censée placé entre *ac* et *aé*.

Abbeville. — Imp. Jeunet, rue Saint-Gilles, 106.

# CATALOGUE

## DES

# LIVRES DE CHANT D'ÉGLISE

### PARUS

## D'APRÈS LA NOTATION STÉNOGRAPHIQUE-MIXTE.

## TEXTE LATIN

**Plain-Chant.**

**PAROISSIEN ROMAIN EN UN VOLUME.**

- 1 vol. noté pour les Diocèses qui font usage du Chant restauré par la Commission de Reims. 6 fr.
- 1 vol. noté d'après le Chant usité dans les autres Diocèses qui suivent la Liturgie Romaine. 6 fr.

**ABRÉGÉ DU PAROISSIEN ROMAIN,** contenant l'ordinaire des Messes, des Vêpres, des Saluts, et l'Office des Morts.

- 1 vol. de la Commission de Reims. 2 fr.
- 1 vol. des Chants non restaurés. 2 fr.

Musique à 3 voix, par livraison à 20 centimes.

MESSES. 1re liv. : Messe d'ELSNER.

SALUTS. 1re liv. : MOTETS divers.

---

## TEXTE FRANCAIS.

### RECUEIL DE 260 CANTIQUES

LES PLUS USITÉS POUR TOUTE L'ANNÉE,

Harmonisés à 3 voix, par CANAPLE et autres,

**Paroles et Musique en correspondance.**

A l'usage des Paroisses, Confréries, Séminaires, Communautés et Maisons d'Education, prix 6 fr.

### Ouvrage divisé en 3 Livres

Que l'on peut se procurer séparément au prix de 2 fr.

| 1er LIVRE. | 2e LIVRE. |
|---|---|
| Propre du Temps. Fête de l'Année. | Doctrine chrétienne. Temps de Retraite. |

3e LIVRE.

Propre des Saints et Mois de Marie.

---

CANTIQUES DIVERS par Livraisons. 1re Livraison, 20 cent.

# AVIS AU LECTEUR.

—

Ce Recueil, quoique fort restreint, renferme néanmoins un choix de cantiques assez varié pour répondre aux besoins des fidèles des paroisses, selon les diverses phases de l'année chrétiennes. (Voyez à la fin, dans la table, par ordre de matières, le plan et l'économie qui a dicté les divisions et subdivisions qu'il renferme.)

La mise des paroles sous la musique ou réciproquement la mise de la musique sur les paroles étant la seule difficulté qui arrête les chanteurs une fois qu'ils savent la musique par solmisation, nous avons voulu faire précéder notre Recueil complet des 260 cantiques de paroisse (*Airs et paroles mis en correspondance*), d'un autre, son abrégé, en quelque sorte, qui en soit comme la préparation et l'ouverture.

Pour bien chanter les paroles des cantiques à première vue, sur la notation correspondante, il faut recourir à la solmisation mentale. Ce mode consiste à se soustraire à la propension contractée par l'habitude du solfége, d'articuler les notes par leur dénomination spéciale, ut, ré, mi, fa, sol, etc., pour ne plus faire prédominer dans la pensée que l'intonation seule de ces notes représentée par les figures. Pour cela, il faut faire sonner toutes les notes d'un air sur une seule de toutes les voyelles prises tour à tour. C'est ce que l'on appelle vocaliser. Et comme finalement les syllabes d'un cantique doivent sonner avec l'une des voyelles *a, é, i, eu, o, u, ou, an, in, un, on,* sur lesquelles l'on se serait exercé, il en résulte qu'en sortant de l'exercice de vocalisation, l'on serait tout préparé à la mise des paroles sous un air.

Ainsi, solmisation, vocalisation, mise de paroles, voilà les trois bases de l'art du chant des cantiques.

Ayant établi une classification générale des coupes des cantiques dont nous avons étiqueté toutes les nuances par les lettres de l'alphabet, combinées deux à deux, ainsi qu'il est expliqué dans la préface des airs, page 9 (voir le *Recueil des airs des cantiques sans paroles*); nous avons puisé, pour la formation de ce petit recueil, dans la catégorie des vers égaux, les 25 premières combinaisons qui sont représentées par la lettre minuscule *a*, précédant la série des 25 lettres minuscules de l'alphabet.

Dans ces 25 premières coupes ayant trouvé le nombre de cantiques suffisant pour rendre utile dans les paroisses ce petit recueil tel que nous l'avions conçu, comme moyen d'exercice, pour apprendre la mise des paroles après les exercices de solmisation et de vocalisation, nous nous sommes borné à ce choix des 25 premières coupes, prises dans les 200 coupes environ employées dans le grand recueil des 260 cantiques.

Voici maintenant le parti que l'on devra en tirer. Les airs et les cantiques qui s'adaptent réciproquement les uns aux autres en plus grand nombre dans ce petit recueil sont ceux dont les coupes sont représentées par les lettres *aa*, *ac*, *ad* et *ah*. *ad* surtout peut donner 42 airs, susceptibles d'être chantés avec un seul cantique appris par cœur, et réciproquement une cinquantaine environ de cantiques pourraient être chantés sur un seul et même air appris par cœur d'entre les 42 du recueil. C'est donc à peu près la moitié du recueil qui pourraient être chantés avec un seul air.

Partant de cette donnée, ce recueil réunit deux avantages : l'un de pouvoir faire chanter le plus de paroles possible à ceux qui, ignorant la musique ou commençant à l'apprendre, n'auraient qu'un seul air à retenir de mémoire pour l'adapter à tous les cantiques de même coupe. Ce procédé convient surtout aux Ecoles, aux Missions et aux circonstances où l'importance du texte prédomine la musique.

L'autre regarde plus particulièrement l'exercice préliminaire dont nous venons de parler, pour s'habituer à adapter les paroles à la musique. Pour cela, l'on fait apprendre un cantique par cœur, et avec les couplets de ce cantique, l'on parcourt tous les airs inscrits sous la coupe qui lui appartient. C'est le contraire du premier procédé. En un mot, la première manière a pour objet de faciliter le chant des cantiques par routine : la seconde, d'initier ceux qui savent solfier, à la mise des paroles sur la musique. Ainsi, par exemple, pour ce qui regarde la première manière, sachant le N° 1, *a d* 1, l'on pourra chanter dessus tous les cantiques inscrits sous la coupe *a d* ; et pour la seconde, sachant par cœur un cantique *a d*, tel que le N° 1 (*Chère Jeunesse*), l'on pourra le chanter successivement avec tous les airs inscrits sous *a d*.

Enfin, par une disposition typographique qui permet de mettre les paroles du *recueil des paroles* en regard du texte des airs, ceux qui savent chanter à vue, paroles et musique, peuvent utiliser les deux textes instantanément en les mettant convenablement en rapport sous le même coup-d'œil, puis ensuite passer au deuxième recueil des cantiques, airs et paroles mis en correspondance.

## OBSERVATIONS SUR LES TABLES.

La table des matières contient les titres généraux sous lesquels peuvent être compris plusieurs cantiques ; elle renvoie ces titres aux pages du recueil des paroles.

La table des airs indique l'ordre des coupes par la série des 25 lettres de l'alphabet et la correspondance des N°ˢ des coupes aux N°ˢ des airs.

La table alphabétique des paroles indique le rapport de chaque cantique à la page du recueil de paroles aux N°ˢ et à la coupe des airs. Les cantiques dont les N°ˢ sont entre deux parenthèses appartiennent au recueil des 260 cantiques ; ils sont marqués dans le petit recueil à leur place, seulement par les indications initiales. Ils ne figurent ici que lorsqu'ils sont déjà indiqués par leur premier couplet dans le recueil des airs seuls.

N.-B. Le format de ce recueil étant le même que celui des Paroissiens, peut être relié à leur suite en un même volume.

# TABLE DES AIRS

Où sont réunis sous les lettres qui leur appartiennent depuis *aa*
jusqu'à *aA* les nᵒˢ des airs du petit Recueil des 120 cantiques de
paroisse.

| Airs. | Cant. |
|---|---|
| **aa** | |
| 1 | 43 |
| 2 | 44 |
| 3 | 45 |
| 4 | 46 |
| 5 | 47 |
| 6 | 48 |
| 7 | 49 |
| 8 | 50 |
| 9 | 51 |
| 10 | 52 |
| **ab** | |
| 1 | 53 |
| 2 | 54 |
| 3 | 55 |
| 4 | 56 |
| **ac** | |
| 1 | 57 |
| 2 | 58 |
| 3 | 59 |
| 4 | 60 |
| 5 | 61 |
| 6 | 62 |
| **ad** | |
| 1 | 1 |
| 2 | 2 |
| 3 | 3 |
| 4 | 3 b |
| 5 | 4 |
| 6 | 5 |
| 7 | 6 |
| 8 | 6 b |
| 9 | 7 |
| 10 | 8 |
| 11 | 8 b |
| 12 | 9 |
| 13 | 10 |
| 14 | 11 |
| 15 | 11 b |
| 16 | 12 |
| 17 | 13 |
| 18 | 13 b |
| 19 | 14 |
| 20 | 15 |
| 21 | 16 |
| 22 | 17 b |
| 23 | 17 t |
| 25 | 18 |
| 26 | 19 |
| 27 | 20 |
| 28 | 21 |
| 29 | 21 b |
| 30 | 22 |
| 31 | 22 b |
| 32 | 22 t |
| 33 | 23 |
| 34 | 24 |
| 35 | 25 |
| 36 | 26 |
| 37 | 27 |
| 38 | 28 |
| 39 | 29 |
| 40 | 30 |
| 41 | 164 |
| 42 | 164 b |
| **aé** | |
| 1 | 63 |
| 2 | 64 |
| 3 | 65 |
| 4 | 66 |
| **af** | |
| | 67 |
| **ag** | |
| | 68 |
| **ah** | |
| 1 | 69 |
| 2 | 70 |
| 3 | 71 |
| 4 | 72 |
| 5 | 73 |
| 6 | 74 |
| 7 | 75 |
| 8 | 75 b |
| **ai** | |
| 1 | 76 |
| 2 | 77 |
| **aj** | |
| | 78 |
| **ak** | |
| 1 | 79 |
| 2 | 80 |
| 3 | 81 |
| **am** | |
| | 82 |
| **an** | |
| 1 | 83 |
| 2 | 84 |
| 3 | 85 |
| **ao** | |
| 1 | 86 |
| **ap** | |
| 1 | 87 |
| 2 | 88 |
| 3 | 89 |
| **aq** | |
| 1 | 90 |
| 2 | 91 |
| **ar** | |
| | 92 |
| **as** | |
| 1 | 93 |
| 2 | 94 |
| 3 | 95 |
| 4 | 96 |
| 5 | 97 |
| 6 | 98 |
| **at** | |
| | 99 |
| **au** | |
| | 100 |
| **av** | |
| | 101 |
| **ax** | |
| | 102 |
| **ay** | |
| | 103 |
| **az** | |
| | 104 |
| **aA** | |
| | (105) |
| **Bo** | |
| | 171 |

# RECUEIL

DE

# 120 CANTIQUES

POUR TOUTE L'ANNÉE.

---

## PREMIÈRE PARTIE.

## JOURNÉE DU CHRÉTIEN.

---

**Invitation à consacrer sa voix au Seigneur.**

*a d 1, p. 18, n° 1ᵉʳ.*

Chère jeunesse, en qui, pour l'harmonie,
L'on voit fleurir le goût et les talents :
Que la sagesse, à vos accords unie,
Vous fasse fuir les profanes accents.

A qui doit-on consacrer le bel âge,
La douce voix, les sons mélodieux ?
C'est au Seigneur qu'en appartient l'usage :
Il est l'auteur de ces dons précieux.

Ah ! loin de vous les chants de la licence !
Prêter sa voix à de coupables airs,
Serait du ciel provoquer la vengeance,
Et de l'impie imiter les concerts.

De la vertu chantez plutôt les charmes :
Les anges saints s'uniront à vos voix ;
Et les pécheurs, les yeux remplis de larmes,
Viendront aussi se ranger sous ses lois.

Sainte pudeur, ornement de la vie,
Tous les mortels te doivent leurs accents :
Si Babylone et t'outrage et t'oublie,
Rien ne pourra te bannir de nos chants.

1.

Encor captifs, exilés sur la terre,
Joignons nos chants aux chants des bienheureux;
C'est préluder, dans ce lieu de misère,
Au saint emploi qui nous attend aux cieux.

---

## Importance du Salut.

Même sujet, *a s 1,* n⁰ (92) : *Travaillez à notre salut.*

*a d 9, p.* **22,** *n⁰* **7.**

Fut-il jamais erreur plus déplorable?
Nous désirons les faux biens d'ici-bas;
Et le salut, le seul bien véritable,
Hélas! nos cœurs ne le désirent pas.

Sommes-nous faits pour des biens si fragiles,
Qu'on voit passer ainsi qu'une vapeur;
Et qui, pour nous, en chagrins sont fertiles?
Ah! de tels biens sont-ils le vrai bonheur?

Un Dieu pour nous souffre une mort honteuse;
Telle est d'une âme à ses yeux la valeur;
Et pour un rien cette âme précieuse,
Nous l'exposons à l'éternel malheur.

Perdre son âme, ô perte irréparable!
Quel bien pourrait nous en dédommager?
De tous les maux c'est le seul redoutable;
Tout autre mal n'est qu'un mal passager.

Oui, désormais, les maux les plus sensibles,
La pauvreté, la douleur, le mépris,
Ne doivent plus nous paraître terribles :
Sauvons notre âme, et nos maux sont finis.

Mais c'est en vain que, nés dans l'opulence,
Nous jouissons du bonheur le plus doux;
Plaisirs, honneurs, et grandeur et puissance,
Sans le salut, tout est perdu pour nous.

Y pensons-nous, insensés que nous sommes!
Nous ne courons qu'après la vanité.
Dieu tout-puissant, quand verra-t-on les hommes
Plus occupés de leur éternité?

# FIN DERNIÈRE DE L'HOMME.

**Dernière fin de l'Homme et en particulier du Pécheur.**

*a d 10, p. 23, n° 8.*

Vous qui courez sans crainte au précipice,
Loin du sentier des préceptes divins,
Désirez-vous quitter enfin le vice ?
Pensez souvent à vos dernières fins.

Il faut mourir ; nul ne peut s'en défendre ;
La mort soumet les peuples et les rois :
Souvenez-vous qu'elle peut vous surprendre,
Et qu'ici-bas on ne meurt qu'une fois.

Du jugement la mort sera suivie,
Terrible et prompt, mais juste jugement,
Malheur, hélas ! à celui dont la vie
Se trouvera coupable en ce moment.

L'arrêt porté, la céleste vengeance,
Sous le pécheur ouvrira les enfers ;
C'est là que Dieu, sans aucune indulgence,
Le punira par cent tourments divers.

Levez les yeux vers le trône de gloire
Que le Seigneur prépare à ses élus ;
Occupez-en souvent votre mémoire,
Pensez-y bien, vous ne pécherez plus.

Mort, jugement, enfer, trône de gloire,
Tristes ensemble et douces vérités !
Peut-on trouver de malice si noire
Qui n'ouvre enfin les yeux à vos clartés ?

---

**Surprises de la mort à tout âge.**

*a a 2, p. 41, n° 44.*

| | |
|---|---|
| O vous, dont la jeunesse aimable | Un homme vain forme sans cesse |
| A l'éclat d'une belle fleur, | Pour l'honneur des vœux insensés ; |
| Songez que la mort implacable | Au dépourvu la mort le presse, |
| Moissonne tout dans sa fureur. | Et ses projets sont renversés. |

Cet avare avec soin amasse
Des trésors pour ses derniers ans;
Mais c'est en vain qu'il les entasse,
La mort le frappe avant le temps.

Celui-ci, plongé dans les vices,
Enivré de honteux appas,
Même au milieu de ses délices,
Trouve le plus affreux trépas.

L'autre étale avec assurance
Le faux bonheur dont il jouit,
Mais à grands pas la mort s'a-
        [vance,
Et son bonheur s'évanouit.

Ce vainqueur, ce terrible foudre,
Va partout répandant l'effroi ;
Il est demain réduit en poudre,
Et la mort le tient sous sa loi.

Tel qui commence sa carrière,
Tout-à-coup se voit défaillir ;
Avec lui tombe dans la bière
La vaine attente de vieillir.

Contre nous la mort toujours
        [prête,
Tient son glaive en l'air sus-
        [pendu ;
Quel sort, lorsque sur une tête
Il tombe sans être attendu !

Contre sa fatale surprise,
Vivre en garde est votre secours :
Loin de la craindre, on la mé-
        [prise,
Quand on s'y prépare toujours.

---

## Mort du Pécheur.

*a d 12, p. 24, n° 9.*

Oh ! qu'à la mort le pécheur est à plaindre !
Que son état est triste, désolant !
Il a du ciel le jugement à craindre,
Un sort affreux, un éternel tourment.

Il voit enfin le bout de sa carrière ;
Le temps pour lui va terminer son cours :
Il va fermer les yeux à la lumière,
Quitter ses biens, ses amis pour toujours.

A quoi lui sert cet amas de richesses,
Qui fut, hélas ! l'objet de son espoir ?
De le tirer des flammes vengeresses
Tous ces trésors auront-ils le pouvoir ?

Ils sont passés ces plaisirs, ces délices,
Où vainement il chercha son bonheur ;
Ils sont passés ; et d'éternels supplices
Vont commencer et fixer son malheur.

Ce corps flatté, nourri dans la mollesse,
Sera dans peu la pâture des vers,
Tandis que l'âme ira brûler sans cesse
Loin de son Dieu dans le feu des enfers.

Tous les honneurs vont enfin disparaître ;
Cette grandeur qui flattait son orgueil,
Qui lui cachait le néant de son être,
Va pour jamais s'abîmer au cercueil.

Pécheur, tu perds ton Dieu, ton bien suprême,
Pour ces objets dont tu fus enchanté ;
En le perdant, tu t'es perdu toi-même :
Voilà le fruit de ton iniquité.

---

### Même sujet.

*ar, p. 66, n° 91.*

Ah ! que la mort est effroyable
Pour le pécheur que Dieu pour-
[suit !
Je vois un Juge redoutable
Dont la rigueur partout le suit ;
Et dans ce jour, son cœur cou-
[pable
N'attend que l'éternel nuit.

Que sa frayeur est légitime !
Rien ne peut plus le secourir.
La mort le traîne dans l'abîme,
Qu'il voit sous lui prêt à s'ouvrir ;
Il n'a vécu que dans le crime,
Et dans le crime il va mourir.

Lorsque la mort vient le sur-
[prendre,
Il voit, en quittant ces bas lieux,
Tous les biens qu'il pouvait pré-
[tendre

S'il eût voulut gagner les cieux ;
Il voit les maux qu'il doit atten-
[dre :
Mais c'est trop tard ouvrir les
[yeux.

Il faut dire un adieu funeste
Aux faux plaisirs, aux faux hon-
[neurs :
Malheureux ! en vain il déteste
Et ses forfaits et ses erreurs ;
Ah ! désormais il ne lui reste
Que des tourments et des fureurs.

Et dans les cieux et sur la terre,
Tout ne sert qu'à le tourmenter :
Un Dieu vengeur lui fait la
[guerre,
Il ne saurait lui résister.
Il voulait fuir ; mais le tonnerre
Vient sur sa tête d'éclater.

---

### La mort.

*a f, p 52, n° 67.*

Souvenez-vous, chrétiens, qu'il faut mourir,
Que votre corps au tombeau doit pourrir,
Et que vos jours coulent incessamment
Vers ce fatal et terrible moment.

Comme un voleur, la mort arrivera,
Nous ne savons en quel temps ce sera ;
C'est un secret de tout homme ignoré,
Afin qu'il soit en tout temps préparé.

Lorsque notre âme, après de grands efforts,
Au temps prescrit aura quitté son corps,
Au même lieu, dans le même moment,
Dieu la fera paraître en jugement.

Tous les péchés que nous aurons commis,
Devant nos yeux alors seront remis :
On pèsera nos fautes, nos vertus,
Et les bienfaits que nous aurons reçus.

Alors ce Dieu, plein de sévérité,
Nous jugera pour une éternité,
Et, sans délai, sans espoir de retour,
Nous subirons notre arrêt dès ce jour.

L'homme chargé d'un seul péché mortel
Sera conduit au supplice éternel.
Vaines douleurs, inutiles regrets !
Le feu vengeur ne s'éteindra jamais.

Pouvons-nous bien penser à ce malheur,
Sans en trembler, sans en frémir d'horreur,
Et sans vouloir, par nos soins et nos vœux,
Fléchir ici ce Juge rigoureux ?

Le juste, alors, plein de tranquillité,
Doit du Sauveur éprouver la bonté.
Qu'heureusement seront récompensés
Et les douleurs et les travaux passés.

Tout revêtu de gloire et de clarté,
Aux cieux enfin il sera transporté ;
Et l'enivrant d'un torrent de plaisirs,
Dieu pleinement comblera ses désirs.

Pour embrasser la croix avec ardeur,
Considérons ce souverain bonheur :
Quoi qu'il en coûte et qu'il puisse arriver,
Efforçons-nous, chrétiens, de nous sauver.

### Jugement dernier.

*an 1, p. 62, n° 83.*

Il me semble le voir,
Ce jour de désespoir,
De trouble et de vengeance,
Où le Dieu redouté
Viendra dans sa puissance
Punir l'iniquité.

J'entends le bruit fatal
Qui donne le signal
Pour embraser le monde :
Déjà les feux, les airs
Conspirent avec l'onde
Pour perdre l'univers.

La nature frémit,
Le soleil s'obscurcit,
Les cieux sont sans lumière ;
La terre, en un instant,
Est réduite en poussière,
Et Dieu seul paraît grand.

Plus prompt que les éclairs,
Un ange fend les airs
De l'un à l'autre pôle :
Il dit : Levez-vous, morts ;
Et tous, à sa parole,
Vont reprendre leurs corps.

Des peuples éperdus
Et des rois confondus
La troupe consternée,
Sortant des monuments,
Attend sa destinée,
La gloire ou les tourments.

Le Fils du Dieu vivant,
Sur un trône éclatant,
Armé de son tonnerre,
Précédé de sa croix,
Vient, en juge sévère,
Revendiquer ses droits.

Ce sage scrutateur
Va jusqu'au fond du cœur
Dévoiler tous les vices ;
Tout est manifesté :
Il juge les justices,
Confond l'iniquité.

L'implacable vengeur,
Dans sa juste fureur,
Oubliant sa clémence
Contre le criminel
Prononce la sentence ;
L'arrêt est sans appel.

Retirez-vous, maudits ;
Que l'enfer soit le prix
Et la fin de vos crimes !
A d'immortels regrets,
Dans le fond des abîmes,
Je vous livre à jamais.

Mais vous, ne craignez plus,
Venez, ô mes élus.
Les bénis de mon Père ;
Un trône glorieux
Sera votre salaire ;
Suivez-moi dans les cieux.

---

### Même sujet.

*a c 1, p. 47, n° 57.*

Quel bruit affreux fait retentir les airs ?
J'entends sonner la trompette effroyable :
Le Dieu vivant vient juger l'univers :
O jour terrible ! ô jour épouvantable !

Tout se confond, et la terre et les cieux ;
L'astre du jour a perdu sa lumière :
Dieu règne seul, Dieu seul brille à nos yeux,
Et devant lui tout n'est plus que poussière.

Il n'est plus temps d'implorer sa bonté,
Nous arrivons au jour de sa justice :
Le bien, le mal, par lui tout et compté ;
Plus de milieu, la gloire ou le supplice.

L'homme pécheur, condamné sans retour,
Se voit en proie aux flammes éternelles ;
Le juste admis dans la céleste cour,
Y va cueillir des palmes immortelles.

Déjà sa main est prête à vous punir :
N'attendez pas, pécheurs, qu'elle vous frappe.
Par vos regrets, il faut le prévenir :
Souvenez-vous qu'à ses yeux rien n'échappe.

On cherche en vain les voiles de la nuit,
Pour lui cacher un désir trop coupable ;
Ce Dieu puissant, par qui le jour nous luit,
Porte dans l'ombre un œil inévitable.

O jugement, que tu me fais trembler,
Moi qui ne suis qu'un amas de souillures !
Ton seul aspect suffirait pour troubler,
Pour effrayer les âmes les plus pures.

Songeons sans cesse au jour où nous verrons
Le tribunal du Juge redoutable ;
Veillons, prions, travaillons et pleurons,
Pour mériter un arrêt favorable.

---

**Même sujet.**

Prose : *Dies iræ, dies illa*.

*a h* 1 ou 3, *p.* 53, *n°* 69.

O jour plein de colère ! ô jour plein de vengeance !
Jour où le Dieu qui donne ou la vie ou la mort,
Pesant tous nos péchés dans sa juste balance,
Pour une éternité réglera notre sort.

Qui pourra soutenir, dans ce jour effroyable,
Les terribles regards de ce Juge vengeur,
Quand sa main s'armera, pour frapper le coupable,
Des foudres éternels de sa juste fureur !

Le livre où sont écrits tous les péchés du monde
Sera pour lors produit aux yeux de l'univers,
Et les crimes cachés dans une nuit profonde,
Y seront malgré nous pleinement découverts.

Le pécheur, obligé de s'accuser lui-même,
Faisant, tout haut, l'aveu de ses honteux forfaits,
Publiera son arrêt, avant l'arrêt suprême
Dont il ressent déjà les funestes effets.

L'innocent est lui-même à peine en assurance
Devant le Dieu qui lit dans les replis du cœur,
Qui, malgré sa douceur, sa bonté, sa clémence,
Découvre qu'à ses yeux le plus juste est pécheur.

O seigneur ! ô mon juge ! oppose à ta justice
L'amour d'un Rédempteur qui s'immole pour nous ;
Fais que le souvenir de son sanglant supplice
Puisse arrêter ton bras et calmer ton courroux.

Souviens-toi, doux Sauveur, de ce jour salutaire
Où tu souffris en croix pour m'attirer à toi ;
Et fais que de ta mort la peine volontaire
Ne soit point désormais inutile pour moi.

Si nous ne pouvons point effacer dans nos larmes
Les taches des péchés que nous avons commis,
Seigneur, daigne employer de plus puissantes armes,
Ce sang dont la vertu sauva tes ennemis.

La rougeur se répand, hélas ! sur mon visage ;
Le crime sur mon front imprime son horreur ;
Mais je suis tourmenté mille fois davantage
Par les cruels remords qu'il excite en mon cœur.

Si tu ne quittes point la qualité de juge,
Par quel moyen, Seigneur, pourrai-je te fléchir !
Sois de tes chers enfants l'asile et le refuge,
Et selon ton amour envers nous daigne agir.

Toi qui fus le Sauveur d'une femme coupable,
D'une âme trop sensible aux criminels appas ;
Toi qui fis d'un brigand un martyr admirable,
Tout pécheur que je suis, ne me délaisse pas.

Séparé des maudits qu'attendent les supplices,
Mets-moi, tendre Pasteur, au rang de tes agneaux ;
Que ton cœur et m'épargne, et m'appelle aux délices
Dont s'enivrent les Saints au séjour du repos.

2

O jour triste, ô jour plein d'une amertume extrême !
O jour sombre et funeste ! ô jour d'un Dieu vengeur,
Où celui qui châtie est le juge lui-même,
Où le pécheur lui-même est son accusateur !

Si ta main nous punit, la grâce nous pardonne ;
Souvent au châtiment succède ta faveur :
Maintenant, ô Jésus, venge-toi, frappe, tonne ;
Mais alors contre moi n'use point de rigueur.

Doux Sauveur, dont le nom n'a rien qui nous menace,
Déploie en ma faveur tes infinis trésors ;
Aux fidèles vivants donne ici-bas ta grace,
Et dans un lieu de paix fais revivre les morts.

---

## Peinture de l'enfer.

*as 4, p. 69, n° 96.*

De ce lieu qu'on appelle Enfer,
Où la coupable créature
Gémit sous un sceptre de fer,
Qui pourrait tracer la peinture ?
Dieu seul en connaît les rigueurs,
Dieu seul en comprend les hor-
[reurs.

C'est un lieu de cris et de pleurs,
Où jamais aucun plaisir n'entre ;
C'est là que toutes les douleurs
Se rassemblent comme en leur
[centre :
Un feu cruel, actif et pur,
Se trouve en ce cachot obscur.

La flamme qui ne peut sortir,
En mille façons se replie,
Et mille fois fait ressentir
Aux damnés toute sa furie ;
Et pour accroître leurs douleurs,
Réunit toutes ses ardeurs.

En vain le réprouvé se plaint
Dans cet épouvantable gouffre,
Toujours il souffre ce qu'il craint,
Et toujours il craint ce qu'il souf-
[fre.

Loin de le plaindre, ses bourreaux
L'insultent même dans ses maux.

Il est sans force et sans secours
Sous l'énorme poids qui le presse :
Il veut mourir, il vit toujours ;
Il voudrait vivre, il meurt sans
[cesse :
Le même feu qui le détruit,
Le consume et le reproduit.

Mortels, profitez bien du temps ;
Cherchez Dieu, tandis qu'on le
[trouve.
Ménagez les moindres moments :
N'attendez point qu'il vous ré-
[prouve :
Pour être à l'abri de ses coups,
Vous-mêmes vengez-le sur vous.

Sachez qu'un feu doit être un
[jour
Votre gloire ou votre supplice :
Il faut brûler d'un feu d'amour,
Ou brûler d'un feu de justice ;
L'un pour jamais nous rend heu-
[reux,
L'autre est suivi de maux affreux.

## L'enfer.

*a g, p. 53, n° 68.*

Toi, que le doux espoir d'un éternel bonheur
N'a pu déterminer à renoncer au vice,
Si Dieu, par ses bontés, n'a pu toucher ton cœur,
Crains, ingrat, crains du moins le bras de sa justice.

Porte tes yeux, pécheur, sur l'affreux avenir
Où doit tomber sur toi sa vengeance équitable ;
Souviens-toi que le Ciel est prêt à te punir
Par tout ce que l'enfer a de plus redoutable.

Endurer mille morts et ne pouvoir mourir !
Se déchirer le cœur de dépit et de rage !
Recommencer toujours à pleurer, à souffrir !
Et n'avoir pour jamais que des feux en partage !

C'est le sort qui t'attend en ce funeste lieu,
Et ce que ton malheur t'empêche de comprendre :
Téméraire, endurci, rebelle contre Dieu,
Tu vois l'abîme ouvert, sans craindre d'y descendre.

Mais comment pourras-tu de tous les maux atteint,
Rester dans un brasier de soufre et de bitume ?
Dans un feu dévorant qu'aucun torrent n'éteint,
Un feu qui toujours brûle et jamais ne consume ;

Tu voudrais aimer Dieu que tu perds pour jamais,
Et ce désir fera ta plus cruelle peine :
Oui, tu voudras l'aimer, mais, éternels regrets !
Ton cœur ne s'ouvrira qu'à des transports de haine.

Pécheur, à cet aspect, cours après les plaisirs,
Abandonne ton cœur au désordre des vices,
Achète, aveugle, achète, au gré de tes désirs,
Par d'éternels tourments, un moment de délices.

---

## Désespoir d'un damné.

*a i 1, p. 58, n° 76.*

Je vois l'enfer s'ouvrir, j'entends la voix d'une âme
Qui commence à souffrir dans l'éternelle flamme.
Si tu ne veux, pécheur, comme elle te damner,
Profite des leçons qu'elle va te donner.

Dans quel horrible lieu me vois-je renfermée !
Contre moi de mon Dieu je vois la main armée.

Ah ! c'en est fait, ce Dieu justement irrité,
Me condamne à brûler pendant l'éternité.

Du monde et de la chair j'ai goûté les délices,
Il faut que de l'enfer j'éprouve les supplices.
Eh ! ne savais-je pas qu'un tourment éternel
Devait être le prix d'un plaisir temporel ?

Mais quoi ! pour un moment qu'a pu durer mon crime,
D'un éternel tourment je serai la victime !
Ah ! je l'ai bien voulu, je ne m'en prends qu'à moi ;
Dieu peut-il trop venger le mépris de sa loi ?

Ah ! malheureuse chair qui séduisis mon âme,
Viens sentir de l'enfer l'impitoyable flamme ;
Tu l'as bien mérité : viens, viens, sors du tombeau,
Et l'un à l'autre ici servons-nous de bourreau.

Que m'en eût-il coûté pour être à Dieu fidèle,
Et pour te résister, chair perfide et rebelle ?
Hélas ! ce que j'ai fait pour un monde trompeur,
Eût pu me mériter un éternel bonheur.

Inutiles regrets ! ma peine est éternelle ;
C'en est fait, à jamais je serai criminelle ;
Le péché dans mon cœur toujours subsistera,
Et Dieu, dans son courroux, toujours le punira.

Toujours dans ces brasiers j'occuperai ma place ;
Pour moi plus de Sauveur, plus de temps, plus de grace.
Mortels, heureux mortels, profitez bien du temps,
Et ne me suivez pas dans ce lieu de tourments.

---

## TEMPS D'AVENT, DE CARÊME ET DE RETRAITE.

### SACREMENT DE PÉNITENCE.

**Résolution de se convertir.**

*au, p.* 71, *n°* 100.

Enfin revenant à moi-même,
Je sens une frayeur extrême ;
Hélas ! que vais-je devenir ?
Le passé m'afflige et m'étonne ;
Mais je tremble pour l'avenir,
Qu'à la fin Dieu ne m'abandonne.

Que faut-il, grand Dieu, que je
[fasse ?

Comment recouvrer votre grâce
Et la posséder constamment ?
C'est trop peu que je me confesse,
A moins que d'un vrai change-
[ment
Je ne vous fasse la promesse.

Mais pour que mon propos vous
[touche,

Est-ce assez, Seigneur, que de
[bouche,
A mes péchés je dise adieu ?
Non, si de cœur je ne les quitte,
Je vous fais injure, ô mon Dieu ;
C'est une promesse hypocrite.

C'est en vain que je me rassure,
Si, sans prendre aucune mesure,
Je me propose de changer :
Si mon propos n'est efficace,
Si j'aime encore le danger,
Je suis indigne de la grâce.

Tout vice excite votre haine,
Tout crime dans l'enfer entraîne ;
A tout crime il faut donc mourir :
S'il en est un que j'aime encore,
En vain je croirais obtenir
Le pardon de ceux que j'abhorre.

Toujours le vice est punissable,

A vos yeux toujours haïssable ;
J'y dois renoncer pour toujours.
Que sert, lorsque je suis coupa-
[ble,
De me changer pour quelques
[jours ?
Il faut un changement durable.

C'en est donc fait, péché funeste,
De tout mon cœur je te déteste ;
Plus que la mort je crains tes
[traits ;
Cruel péché, monstre exécrable,
Je te renonce pour jamais.
Loin de moi, tyran détestable !

Dès ce moment, oui, je l'assure ;
A vos pieds, mon Dieu, je le jure,
Vous serez servi constamment.
Il n'est n'y tyran ni supplice
Qui me puisse, dès ce moment,
Arracher de votre service.

---

### Conversion des pécheurs.
*a b* 2, *p.* 45, *n°* 54.

Faux plaisirs, vains honneurs, biens frivoles,
Aujourd'hui recevez nos adieux.
Trop longtemps vous fûtes nos idoles,
Trop longtemps vous charmâtes nos yeux.

Loin de nous la fatale espérance
De trouver en vous notre bonheur.
Avec vous, heureux en apparence,
Nous portons le chagrin dans le cœur.

Héritiers d'une gloire immortelle,
Dans les cieux cherchons les vrais plaisirs :
C'est aux cieux qu'une joie éternelle,
Des élus couronne les désirs.

Enivré de douceurs ineffables,
On jouit de la Divinité ;
On bénit ses bontés adorables,
On a part à sa félicité.

Transporté d'une divine flamme,
Plus on aime et plus on veut aimer :

On chérit le feu qui brûle l'âme ;
On se plaît à s'y voir consumer.

Beau séjour des clartés immortelles,
Montrez-vous, contentez nos souhaits.
Ici-bas, les peines sont réelles,
Les plaisirs n'ont que de vains attraits.

Heureux qui, dès l'âge le plus tendre,
Offre à Dieu son esprit et son cœur.
Dieu l'instruit, le guide et lui fait prendre
Le sentier du souverain bonheur.

---

### Adieux aux faux plaisirs du monde.

*a d* 19, *p.* 27, *n*° 14.

C'en est donc fait, adieu, plaisirs volages,
Qui n'avez pu jamais me rendre heureux ;
Vous n'aurez plus mon cœur et mes hommages,
Vous n'aurez plus le tribut de mes vœux.

Je l'ai trouvé ce Dieu si plein de charmes,
Ce Dieu qui, seul, peut conduire au bonheur :
Il tarira la source de mes larmes,
Il saura bien consoler ma douleur.

Que pouvais-tu me présenter d'aimable,
Près de l'unique et divine beauté ?
Que pouvais-tu, monde si méprisable,
Que pouvais-tu pour ma félicité ?

De toi, Jésus, des pères le plus tendre,
De toi, Jésus, le plus doux des amis,
De toi, je veux désormais tout attendre :
Je sais, mon Dieu, ce que tu m'as promis.

Trois fois heureux celui qui sait te plaire !
Il goûte alors le plaisir le plus doux.
Oh ! quel bonheur d'aimer un si bon Père,
Notre Sauveur, notre ami, notre époux !

Vive Jésus, notre unique espérance !
Vive Jésus, et ses attraits vainqueurs !
Dans son amour soyons pleins de constance,
Et qu'en lui seul se consument nos cœurs.

## Regrets du pécheur.

*a h* 2, *p.* 54, *n°* 70.

Combien triste est mon sort ! ô mortelle disgrâce !
Que de biens le péché m'a fait perdre à la fois !
L'amitié de mon Dieu, la beauté de la grâce,
La douce paix du cœur, mes mérites, mes droits.

Ah ! périsse le jour où ce péché funeste
Vint de mon innocence interrompre le cours !
Je t'abhorre à jamais, péché, je te déteste ;
Puisse ce jour fatal s'effacer de mes jours !

Pourquoi t'ai-je jamais donné ma confiance,
Ami, dont les leçons causèrent mes malheurs ?
Sans ta fausse amitié j'aurais mon innocence.
Que tu me vas coûter de soupirs et de pleurs !

O cruel souvenir ! avoir aimé le vice,
Au lieu d'aimer mon Dieu, mon Père, mon Sauveur !
Dans un âge si tendre, avoir tant de malice !
Etre si jeune encore, et me voir si pécheur !

Ah ! recevez, Seigneur, cet ingrat, ce rebelle,
Daignez favoriser aujourd'hui son retour :
Plus il s'est égaré, plus il sera fidèle,
Plus il sera constant à garder votre amour.

Mais que dis-je, Seigneur ? comment, dans ma faiblesse,
Me promettre à moi-même un repentir constant ?
Je vous fis mille fois, hélas ! cette promesse,
Et mille fois, hélas ! je péchai dans l'instant.

En vous seul, ô mon Dieu, je mets ma confiance ;
Vous êtes mon espoir et mon bien le plus doux :
Du secours de vos dons aidez mon inconstance ;
Je ne puis rien de moi, mais je puis tout en vous.

Exercez, Dieu vengeur, sur moi votre justice ;
Frappez-le, ce coupable, en tout temps, en tout lieu.
Le plus grand des malheurs, le plus cruel supplice,
Sera trop doux pour moi, s'il me rend à mon Dieu.

---

## Dialogue entre Dieu et le pécheur.

*a d* 13, *p.* 24, *n°* 10.

DIEU.
Reviens, pécheur, à ton Dieu qui t'appelle.
Viens au plus tôt te ranger sous sa loi :

Tu n'as été déjà que trop rebelle ;
Reviens à lui, puisqu'il revient à toi.

*a d* 23, *p.* 29, n° 17 ter.

LE PÉCHEUR.

Voici, Seigneur, cette brebis errante
Que vous daignez chercher depuis longtemps ;
Touché, confus d'une si longue attente,
Sans plus tarder je reviens, je me rends.

DIEU.

Pour t'attirer, ma voix se fait entendre ;
Sans me lasser, partout je te poursuis,
D'un Dieu, pour toi, du père le plus tendre,
J'ai les bontés, ingrat, et tu me fuis.

LE PÉCHEUR.

Errant, perdu, je cherchais un asile ;
Je m'efforçais de vivre sans effroi.
Hélas ! Seigneur, pouvais-je être tranquille,
Si loin de vous, et vous si loin de moi ?

DIEU.

Attraits, frayeurs, remords, secret langage,
Qu'ai-je oublié dans mon amour constant ?
Ai-je, pour toi, dû faire davantage ?
Ai-je, pour toi, dû même en faire autant ?

LE PÉCHEUR.

Je me repens de ma faute passée :
Contre le ciel, contre vous j'ai péché ;
Mais oubliez ma conduite insensée,
Et ne voyez en moi qu'un cœur touché.

DIEU.

Si je suis bon, faut-il que tu m'offenses ?
Ton méchant cœur s'en prévaut chaque jour ;
Plus de rigueur vaincrait tes résistances ;
Tu m'aimerais si j'avais moins d'amour.

LE PÉCHEUR.

Que je redoute un juge, un Dieu sévère !
J'ai prodigué des biens qui sont sans prix ;
Comment oser vous appeler mon Père ?
Comment oser me dire votre fils ?

DIEU.

Marche au grand jour que t'offre ma lumière ;
A sa faveur tu peux faire le bien :
La nuit bientôt finira ta carrière ;
Funeste nuit où l'on ne peut plus rien.

### LE PÉCHEUR.

Dieu de bonté, principe de tout être,
Unique objet digne de nous charmer,
Que j'ai longtemps vécu sans vous connaître !
Que j'ai longtemps vécu sans vous aimer !

### DIEU.

Ta courte vie est un songe qui passe,
Et de la mort le jour est incertain :
Si j'ai promis de te donner ta grace,
T'ai-je promis le lendemain ?...

### LE PÉCHEUR.

Votre bonté surpasse ma malice,
Pardonnez-moi ce long égarement ;
Je le déteste, il fait tout mon supplice,
Et, pour vous seul, je pleure amèrement.

### DIEU.

Le ciel doit-il te combler de délices
Dans le moment qui suivra ton trépas,
Ou bien l'enfer t'accabler de supplices ?
C'est l'un des deux, et tu n'y penses pas.

### LE PÉCHEUR.

Je ne vois rien que mon cœur ne défie,
Malheurs, tourments, ou plaisirs les plus doux ;
Non, fallût-il cent fois perdre la vie,
Rien ne pourra me séparer de vous.

---

### Sentiments de repentir.

*a d* 23, *p.* 29, *n°* 17 ter.

Puniras-tu, Seigneur, dans ta justice,
D'un fils ingrat les longs égarements?
Mon cœur, hélas ! commence mon supplice ;
Il est en proie aux remords déchirants.

Quand je reviens sur ma coupable vie,
Tout m'y paraît à punir, à pleurer :
J'ai donc perdu mon Père et ma patrie ?
Loin d'eux, hélas ! j'ai donc pu m'égarer !

Comblé des dons d'un Père tout aimable,
Tout envers lui provoquait mon amour :
Je fus ingrat. Quoi ! dit-il, fils coupable,
Quoi ! tu me fuis ? Sera-ce sans retour ?

Depuis longtemps je pleure ton absence :
Que t'ai-je fait ? tu m'as ravi ton cœur.
Reviens, ingrat, reviens, et ma clémence
Au même instant oublîra ton erreur.

À cette voix et si douce et si tendre,
Que répondis-je, insensible pécheur ?
Toujours, hélas ! différant de me rendre,
Toujours, mon Dieu, je bravais ta douleur.

En vain la croix me retraçait le gage
Et les doux fruits d'un amour tout puissant ;
D'un air distrait, indifférent, volage,
Je regardais ce signe attendrissant.

Mais c'en est fait, à tes pieds, divin Maître,
Je viens pleurer mes infidélités.
Mais aujourd'hui, voudras-tu reconnaître
L'indigne objet des célestes bontés ?

Ah ! tout baigné dans ton sang adorable,
Craindrais-je encor ta plus juste rigueur ?
En toi verrais-je un juge inexorable ?
Tu n'es pour moi qu'un père et qu'un sauveur.

Je devrai tout à votre aimable zèle,
Vierge si bonne aux pécheurs repentants.
Jésus entend votre voix maternelle,
Soudain son cœur s'ouvre pour vos enfants.

Qu'heureuse est donc une âme pénitente
Qui vient à lui sans feinte et sans détour !
Pour elle il n'est, comme à l'âme innocente,
Qu'un sentiment : c'est celui de l'amour.

---

### Sentiments de componction.

*a d* 16, *p.* 25, *n°* 12.

Pardon, Seigneur, à ce peuple coupable ;
Suspends tes coups, grâce à son repentir :
Non, ton courroux n'est pas inexorable,
Et pour toujours tu ne veux pas punir.

Venez, chrétiens, en ce jour d'indulgence,
A votre Père avouer vos remords :
Venez, venez ; mais que la pénitence
De sa bonté vous ouvre les trésors.

Combien de fois, de tes enfants rebelles
As-tu sans fruit sollicité l'amour !
Depuis longtemps tes bontés paternelles
De ces ingrats attendaient le retour.

Tu les cherchais, et leur indifférence
A ta tendresse a longtemps résisté :
Ils ont osé provoquer ta vengeance ;
Tu leur permets d'implorer ta bonté.

Efface, ô Dieu, la trace criminelle
De tant de jours indignes de pardon,
Où le chrétien, pire que l'infidèle,
Brisa ton joug et blasphéma ton nom.

Ton sang, Seigneur, a lavé tous nos crimes ;
Oui, de ce sang, nous réclamons le prix :
Ne cherche pas ailleurs d'autres victimes ;
Dans tes enfants tu n'as plus d'ennemis.

A la vertu, du sein de la misère,
L'enfant prodigue, à la fin ramené :
J'irai, dit-il, j'irai trouver mon père.
Il le retrouve, et tout est pardonné.

---

### Même sujet.

*a h 4, p. 55, n° 72.*

Grand Dieu, par quels accents et par quelles victimes
Pourrai-je détourner ton courroux que je crains ?
J'ai mérité la mort ; et pour de moindres crimes
Le monde a vu partir la foudre de tes mains.

L'excès de tes bontés augmente mon offense :
Tu me combles de biens au lieu de me punir ;
Et l'on voit, ô prodige ! une égale constance,
En moi pour t'offenser, en toi pour me bénir.

Il est vrai, Dieu puissant, mes fautes sont mortelles,
Souvent la passion m'entraîne à des excès.
Mais, hélas ! si tu perds tous les cœurs infidèles,
En quel lieu de la terre auras-tu des sujets ?

Mes crimes, d'un côté, provoquent ta justice,
De l'autre, ta bonté demande mon pardon :
As-tu moins de bonté que je n'ai de malice ?
Serais-je plus méchant que tu ne serais bon ?

Il y va de mon bien, il y va de ta gloire,
Dompte par ton esprit mon esprit obstiné ;
Ton triomphe est le mien, je gagne à ta victoire :
Quand tu seras vainqueur, je serai couronné.

---

### Le pécheur s'excite à rompre ses liens.

*a o, p.* 63, *n°* 86.

Dans quel état déplorable,
Hélas ! me vois-je réduit ?
Un cruel remords m'accable,
Partout le trouble me suit.
Ah ! péché, monstre exécrable,
Tes faux charmes m'ont séduit.

Au gré d'un honteux caprice,
Je vis dans l'égarement ;
Plein de force pour le vice,
Et pour Dieu sans mouvement :
O ciel quelle est ma malice !
Quel est mon aveuglement !

Le Seigneur souvent m'appelle
D'un ton rempli de douceur :
Sors de ta langueur mortelle,
Mon fils, donne-moi ton cœur ;
Mais ce cœur, toujours rebelle,
Ne lui montre que froideur.

Dans ma longue résistance,
Veux-je donc persévérer ?
Sur l'horreur de mon offense
Ne devrais-je point pleurer ?
Il faut qu'enfin je commence ;
C'est trop longtemps différer.

Ah ! que sens-je dans moi-même !
Quel orage ! quels combats !
Je voudrais, du mal que j'aime,
Pour toujours fuir les appas :

Mais, quelle misère extrême,
Mon cœur veut et ne veut pas.
Sous l'affreux poids de mon
[crime
Gémirai-je donc en vain ?
De mes maux triste victime,
N'en verrai-je point la fin ?
Pour me tirer de l'abîme,
Ah ! qui me tendra la main ?

Dans cet état lamentable,
J'ai recours à vous, Seigneur ;
Voyez d'un œil favorable
Un trop malheureux pécheur :
Sans votre main secourable,
Je péris dans mon malheur.

Grand Dieu, finissez ma peine,
De mes maux soyez touché,
Brisez la funeste chaîne
Qui tient mon cœur attaché :
Que d'une volonté pleine
Je quitte enfin le péché.

C'en est fait ; malgré ses charmes,
Du péché je veux sortir.
Un Dieu finit mes alarmes,
Sa bonté se fait sentir.
Ah ! mes yeux, fondez en larmes ;
Attestez mon repentir.

---

### Sentiments de l'âme pénitente envers Dieu.

*a d* 14, *p.* 24, *n°* 11.

Être éternel, beauté toujours nouvelle,
Que j'ai longtemps vécu sans vous aimer !
Mais en ce jour, cessant d'être rebelle,
De votre amour je me laisse enflammer.

Vous le voulez, ô Majesté suprême,
Que tout se rende à vos divins appas.
Ah ! je me rends ; oui, Seigneur, je vous aime.
Eh ! comment vivre, et ne vous aimer pas ?

Cœur insensible, à qui voudrais-tu plaire ?
Serait-ce au monde, à ce monde inconstant ?
C'est ton seul Dieu qui peut te satisfaire ;
Aime-le donc, et tu vivras content.

Dès ce moment, c'en est fait, je commence :
Ah ! j'en conviens, c'est bien tard commencer ;
Fixez, mon Dieu, fixez mon inconstance,
Et je promets de ne jamais cesser.

Aimable joug que la grâce m'impose,
Tu mets enfin le comble à tous mes vœux.
Venez, Seigneur, vous m'êtes toute chose.
Votre amour seul ! et je suis trop heureux.

---

### Le pécheur converti demande la persévérance.

*an 2 et 3, p. 63, n<sup>os</sup> 84 et 85.*

Dieu rempli de bonté,
Vous avez écouté
Les regrets d'un coupable ;
Pour rendre à l'avenir
Son changement durable,
Daignez le soutenir.

Ne permettez jamais
Que de trompeurs attraits
L'entraînent dans le vice.
Que, par votre secours,
L'amour de la justice
Règne en lui pour toujours.

Dans ce monde pervers
Mille ennemis divers
Attaquent l'innocence :
Quel est notre malheur !
Souvent notre inconstance
Rend le péché vainqueur.

Quel déplorable exil !
Toujours être en péril !
Toujours dans les alarmes !
Roi souverain des cieux,
Soyez témoin des larmes
Qui coulent de mes yeux.

Puis-je être sans effroi,
Quand je ne trouve en moi
Qu'une extrême faiblesse ?
Mon Dieu, mon Créateur,
Défendez-moi sans cesse
Contre mon propre cœur.

De quoi peut me servir
Que, par mon repentir,
Je sois sorti du vice
Si, par un nouveau choix,
Pour suivre l'injustice
J'abandonne vos lois ?

Gardez-moi d'un tel sort :
Ah ! plutôt que la mort
Termine ma carrière !
Tirez-moi d'un séjour,
Où je puis vous déplaire
Et perdre votre amour.

Vous ne le perdrez plus,
O bienheureux élus,
Qui possédez la gloire ;
Sans péril désormais,
Sûrs de votre victoire,
Vous régnez dans la paix.

Quand viendra l'heureux temps
Que sans cesse j'attends,
Où délivré de crainte,
Et sûr de mon bonheur,
Dans sa demeure sainte
Je verrai le Seigneur !

Plein d'un espoir si doux,
Je veux n'aimer que vous.
Mon Dieu, mon tendre Père,
Augmentez mon amour,
Et que j'y persévère
Jusqu'à mon dernier jour.

---

### Même sujet,

*a d* 17, *p.* 26, *n°* 13.

Quel trait vainqueur vient de frapper mon âme !
Pour moi le monde a perdu ses attraits ;
L'amour divin me pénètre, m'enflamme,
Et tout vers Dieu me rappelle à jamais.

Je m'égarais dans les sentiers du vice ;
Des passions j'aimais le joug honteux ;
Et telle fut, Seigneur, mon injustice,
Que, loin de toi, je voulais être heureux,

Mais c'est en vain que l'homme se consume
Pour contenter ses frivoles désirs,
Je le confesse, une affreuse amertume
Empoisonnait en secret mes plaisirs.

Trop faible, hélas ! pour sortir de l'abîme
Où m'entraînait le mépris de ta loi,
Je ne pouvais ni m'éloigner du crime,
Ni plus longtemps vivre éloigné de toi.

J'allais périr ; mais, ô sang adorable,
Sang précieux répandu sur la croix,
Vous défendez un malheureux coupable,
Vous le sauvez une seconde fois.

Oui, de ce sang la voix s'est fait entendre,
De la justice elle écarte les traits ;
Un Dieu vengeur devient un père tendre,
Et son courroux fait place à ses bienfaits.

Je l'offensais, et ce Dieu me pardonne ;
Je l'oubliais, il se souvient de moi ;
Je languissais, et bientôt il me donne
Un pain vivant qui nourrira ma foi.

O mon Sauveur, grave dans ma mémoire
De ton amour ces merveilleux effets :
Et je mettrai mon bonheur et ma gloire
A célébrer désormais tes bienfaits.

---

### Même sujet.

—

*ay, p. 72, n° 103.*

Qu'il meure ce corps misérable,
Ce honteux fardeau qui m'accable,
Digne victime de la mort ;
Qu'il soit dévoré par la tombe,
Qu'on l'y descende, et qu'il retombe
Dans la poussière dont il sort.

O mort, que l'on nomme cruelle,
Viens frapper ce corps trop rebelle,
Viens mettre un terme à mon tourment !
Quand, par un moment de souffrance,
On achète sa délivrance,
L'achète-t-on trop chèrement ?

A tous ces mortels méprisables,
Enivrés des biens périssables,
Imprime une juste terreur :
Tu les appauvris, qu'ils t'abhorrent :
Tu leur ravis ce qu'ils adorent,
C'est pour eux que tu n'es qu'horreur.

Ah ! que faussement courageuse,
L'âme doit se voir bien affreuse,
Quand le néant est son espoir !
Hélas, n'avoir rien à prétendre,
Point de bonheur qu'on puisse attendre,
Point de secours qu'on puisse avoir !

La foi donne le vrai courage ;
Pour qui la vie est un voyage,
Le terme n'est point un malheur.
A quelques trésors qu'on l'arrache,
Ce qu'il possède sans attache,
Il l'abandonne sans douleur.

Ah ! puisque c'est la destinée
De notre race infortunée,
Ou de souffrir ou de mourir :
O ciel ! viens borner ma carrière ;
Que bientôt mon heure dernière
M'abrége le temps de souffrir.

S'il faut que j'attende cette heure,
S'il faut encor que je demeure,
J'accepte mes jours et mes maux :
Pour prix de mon obéissance,
Qu'une mort, pleine d'espérance,
Vienne terminer mes travaux.

O toi qui, sauvant le coupable,
Du haut de ta croix adorable,
Ouvris les bras à l'univers ;
Fais, quand ta divine justice
Ordonnera mon sacrifice,
Fais que ces bras me soient ouverts.

---

## PENDANT L'ANNÉE.

### VÉRITÉS ET VERTUS CHRÉTIENNES.

—

**Fondements de la foi du chrétien.**

*a k 1, p.* 60, *n°* 79.

Que tout cède à la Foi,
C'est la raison suprême ;
Et notre raison même
Souscrit à cette loi :
Que tout cède à la Foi.

Le Seigneur a parlé,
Sa voix s'est fait entendre :
Nous croyons sans comprendre
Ce qu'il a révélé ;
Le Seigneur a parlé.

Le Fils du Dieu vivant,
Au monde a voulu naître :
On l'a dû reconnaître
En œuvres tout-puissant,
Le Fils du Dieu vivant.

Douze pauvres pécheurs
Ont annoncé sa gloire :
Partout ils ont fait croire
Sa gloire et ses grandeurs,
Douze pauvres pécheurs.

Ah ! quel plus sûr garant
Que leur seul témoignage !
Ils ont donné pour gage
Leur vie avec leur sang ;
Ah ! quel plus sûr garant !

Malgré tous les tyrans,
La mort même féconde
A peuplé tout le monde
De chrétiens renaissants,
Malgré tous les tyrans.

Le monde converti,
Au milieu des obstacles,
C'est de tous les miracles
Le plus grand accompli ;
Le monde converti.

Réformés prétendus,
Vos dogmes, vos maximes
N'enfantent que des crimes

Ou de fausses vertus,
Réformés prétendus.

Nous avons des Pasteurs,
Successeurs des Apôtres ;
D'où sont venus les vôtres ?
Vous suivez des trompeurs ;
Nous avons des Pasteurs.

Je suis sûr de ma foi,
En consultant l'Eglise ;
Et mon âme soumise,
Du Juge apprend la loi ;
Je suis sûr de ma foi.

Que tout cède à la foi,
C'est la raison suprême :
Et notre raison même,
Souscrit à cette loi ;
Que tout cède à la foi.

---

## Douceur de la loi évangélique.

*aa 6, p. 43, n° 60.*

O mon Dieu, que votre loi sainte
Est aimable et pleine d'appas !
Quand on la suit avec contrainte,
Sans doute on ne la connaît pas.
Mille fois elle est préférable
Au trésor le plus précieux :
Le plaisir le plus désirable
N'a rien d'aussi délicieux.

Elle est sainte, elle sanctifie,
Elle éclaire et guide l'esprit,
Elle est pure, elle purifie,
Change les cœurs et les guérit.
Votre loi donne la sagesse
Aux petits, aux humbles de cœur :
Remplit d'une sainte allégresse ;
Surpasse le miel en douceur.

Elle est sage, elle est véritable,

Elle-même est la vérité ;
Elle est juste, elle est équitable
Et la règle de l'équité.
Des mœurs c'est la règle infail-
[lible :
Qui la suit ne saurait tomber :
Elle est droite, elle est inflexible
Et l'on ne saurait la courber.

Cette loi n'est pas variable,
Ni sujette à des changements :
Elle est ferme, elle est immuable,
Et toujours la même en tout
[temps.
Comme vous elle est éternelle,
O souverain Législateur !
Qu'elle est auguste, qu'elle est
[belle !
Qu'elle est digne de son Auteur !

O mondains, vos contes frivoles,
Vos discours pleins de vanité
N'ont rien de semblable aux pa-
[roles
De l'éternelle Vérité.
Vos concerts qui charment l'ouïe,
Tous vos ris, vos jeux, vos festins,
N'ont rien dont l'âme soit ravie
Comme des préceptes divins.

C'est un joug, mais un joug ai-
mable,
Que l'amour sait rendre léger :
Il est doux autant qu'honorable,
Il soulage au lieu de charger.

Puisque c'est aimer Dieu lui-
[même,
Que d'aimer sa divine loi ;
Loi de mon Dieu que je vous aime
D'un amour que Dieu forme en
[moi !

Qu'en ce lieu de pèlerinage,
Mon plaisir soit de vous chanter ;
Et que je prenne pour partage
De vous lire et vous méditer.
O mon Dieu, que par votre grâce
Votre loi règle tous mes pas,
Et qu'ici-bas, quoi que je fasse,
Mon cœur ne s'en éloigne pas.

---

### Commandements de Dieu. Invitation à les observer.

*a d* 2, *p.* 18, *n*° 2,

Adore un Dieu qui seul est adorable,
Songe à lui plaire, à l'aimer chaque jour :
De tous ses dons il est le plus aimable ;
Aimez-le donc du plus parfait amour.

Tu pourras bien, pour cause légitime,
Du Créateur attester le saint nom ;
Mais c'est souiller ton âme d'un grand crime
Que de jurer à faux, ou sans raison.

Que le dimanche, aucune œuvre servile
N'occupe un temps que tu dois au Seigneur ;
Mais tout le jour, à ses ordres docile,
Pour le servir redouble ta ferveur.

Afin que tout ici-bas te prospère,
Et que le Ciel t'accorde son secours,
Respecte, honore, assiste et père et mère,
Et tu verras se prolonger tes jours.

Fuis l'homicide, évite la vengeance,
N'écoute point une aveugle fureur ;
Car on ne peut se venger d'une offense,
Sans usurper les droits d'un Dieu vengeur.

Des feux impurs qu'allume la luxure,
Défends ton cœur, et jamais n'y consens ;
Mais, le corps chaste et l'âme toujours pure,
Préserve-toi du désordre des sens.

Envers autrui sois en tout équitable,
Contre son gré ne lui prends jamais rien ;
D'un crime égal on est encore coupable,
En retenant injustement son bien.

Si l'on t'oblige à rendre témoignage,
Fais-le toujours avec sincérité ;
Et que jamais nul motif ne t'engage
A dire rien contre la vérité.

Non-seulement le Seigneur te commande
De t'abstenir d'un coupable plaisir ;
Pour être chaste autant qu'il le demande,
Réprime encore jusqu'au moindre désir.

Dieu veut aussi que ton âme s'abstienne
De convoiter le bien de ton prochain ;
Le désir même est sujet à la peine
Dont il punit le vol et le larcin.

### Commandements de l'Eglise.

Fête et dimanche. assiste aux saints mystères,
Sois–y présent et de corps et d'esprit,
Préfère alors à tes autres affaires
Ce saint devoir que l'Eglise prescrit.

Les fêtes sont par l'Eglise ordonnées
Pour honorer le Seigneur et ses Saints :
Ne souffre point qu'elles soient profanées
Par le travail et les plaisirs mondains.

La clef du ciel aux prêtres fut donnée
Pour le fermer ou l'ouvrir au pécheur :
Pour le moins donc, une fois chaque année,
Va te jeter aux pieds d'un Confesseur.

Du moins aussi dans la fête pascale
Approche-toi du céleste banquet ;
Mais prends avant la robe nuptiale ;
De tout péché que ton cœur sois bien net.

Pour obéir aux ordres de l'Eglise,
Ne mange point de chair le vendredi ;
Et hors le temps où la loi l'autorise,
N'en mange point non plus le samedi.

Le jeûne est fait pour te punir toi-même,
Et pour dompter la révolte des sens.
La loi l'ordonne au saint temps de carême,
Chaque vigile et tous les quatre-temps.

## Présence de Dieu.

*an 2, p. 62, n° 84.*

Où puis-je me cacher,
Lorsque je veux pécher,
O grand Dieu que j'adore ?
Partout, à chaque instant,
Du couchant à l'aurore,
N'êtes-vous pas présent ?

Irai-je vers les cieux ?
Assis là glorieux,
Vous formez le tonnerre.
Quand je m'enfoncerais
Au centre de la terre,
Je vous y trouverais.

Si je veux, ô Seigneur,
Pécher à la faveur
D'une nuit ténébreuse,
La nuit sera pour vous
Encor plus lumineuse
Que le jour n'est pour nous.

En vain mon cœur dira :
Ici l'on ne pourra
Ni me voir, ni m'entendre ;
Le vif remords qu'il sent,
Seigneur, me fait comprendre
Que vous êtes présent.

Hélas ! il rougirait,
Le pécheur, s'y croyait
Etre aperçu des hommes ;
O Dieu, que faisons-nous ?
Insensés que nous sommes,
Nous péchons devant vous.

Votre œil partout me voit ;
Que je sois sous un toit,
En ville, à la campagne ;
Sans se fermer jamais,
Il veille, il m'accompagne.
Il voit ce que je fais.

Mais Dieu voit le désir
Que j'ai de le servir,
Et Dieu m'en récompense ;
Quelle nouvelle ardeur
Cette douce présence
Va produire en mon cœur !

Sous les yeux de son roi,
Le guerrier sans effroi,
Voit le feu, la mort même ;
Sous vos yeux, ô Seigneur,
Qu'un chrétien qui vous aime
Doit sentir de ferveur !

Souffre-t-il près de lui ?
Il voit Dieu dont l'appui
Le soutient, le soulage ;
Combat-il ? Dieu, présent,
D'un regard l'encourage,
De sa main le défend.

Que la nuit et le jour,
Mon âme, ô Dieu d'amour,
Marche en votre présence ;
En tel lieu que ce soit,
Que je dise et je pense :
Dieu m'entend, Dieu me voit.

---

## Effets de la prière.

*aK 2, p. 60, n° 80.*

Pour trouver le Seigneur
De qui vient la lumière,
Offre-lui ta prière ;
Mais prie avec ferveur,
Pour trouver le Seigneur.

Que ton pouvoir est grand,
O divin exercice !
Tu fléchis la justice
Du Seigneur tout-puissant ;
Que ton pouvoir est grand !

Aux pieds de son Sauveur,
Qu'une âme pénitente
Est heureuse et contente
De répandre son cœur
Aux pieds de son Sauveur.

Des éternels plaisirs
La source est la prière,
Cherchons-y la matière
Des célestes désirs,
Des éternels plaisirs.

Même au sein des malheurs,
En Dieu seul si j'espère,
Il me comble, en bon père,
D'ineffables douceurs,
Même au sein des malheurs.

Quand on recourt à lui
Avec un cœur sincère,
Est-on dans la misère ?

Il devient notre appui,
Quand on recourt à lui.

Qu'une ardente oraison
Peut échauffer une âme !
Tout cède à cette flamme :
Quel plus précieux don
Qu'une ardente oraison !

Prions donc notre Dieu,
Et prions-le sans cesse :
Réclamons sa tendresse,
En tout temps, en tout lieu :
Prions donc notre Dieu.

Mon Dieu, pour vous prier
Que faut-il que je fasse ?
J'ai besoin de la grâce :
Daignez me l'accorder,
Mon Dieu, pour vous prier.

---

### Conformité à la volonté de Dieu.

*ap 3, p.* 65, *n°* 89.

Que la volonté de Dieu
Soit accomplie en tout lieu.
Quelque chose qu'il arrive,
Disons par une foi vive :
Que la volonté de Dieu
Soit accomplie en tout lieu.

C'est ainsi qu'un vrai chrétien
Reçoit le mal et le bien :
Quelque peine qu'il endure,
Il la souffre sans murmure.
   C'est ainsi, etc.

Pourvu que Dieu soit content,
C'est là le point important :
Qu'on m'approuve, qu'on me
             [blâme,
En paix je tiendrai mon âme,
   Pourvu, etc.

Laissons dire et faisons bien ;
Qui craint Dieu ne craint plus
             [rien.

On nous juge avec malice ;
Mais Dieu nous rendra justice.
   Laissons, etc.

Qu'on me dise un mot piquant,
Je le souffrirai gaîment :
Voudrais-je m'en faire peine ?
Dieu veut qu'en paix je le prenne.
   Qu'on, etc.

Pourquoi s'aigrir pour un rien,
Au lieu d'en tirer son bien ?
Le ciel est la récompense,
Pour un peu de patience.
   Pourquoi, etc.

De vous, Seigneur, vient la croix ;
De bon cœur je la reçois :
Votre main qui me là donne
Me prépare une couronne.
   De vous, etc.

Malgré vos plus rudes coups,
O mon Dieu, j'espère en vous ;
Vous ne me frappez qu'en père,
Pour mieux guérir ma misère.
  Malgré, etc.

Que la volonté de Dieu
Soit accomplie en tout lieu,
Quoi qu'on fasse, quoi qu'on dise,
Mon âme sera soumise.
  Que la volonté, etc.

---

### Effets de l'amour de Dieu.

*a d* 32, *p.* 34, *n°* 22 ter.

Divin amour, oh ! que sous ton empire
L'âme fidèle éprouve de douceurs !
Que sont les biens auxquels le monde aspire,
Auprès des biens dont tu remplis les cœurs.

Par ton secours tout est doux et facile,
Et rien ne coûte à qui ressent tes feux ;
Tes vifs attraits rendent l'âme docile
Aux saints efforts, aux transports généreux.

J'aime avec toi mon malheur et mes larmes ;
Et la mort même asservie à ta loi
Est à nos yeux un objet plein de charmes.
Divin amour, à jamais règne en moi.

---

### Avantage d'aimer Dieu uniquement.

*a a* 8, *p.* 44, *n°* 50.

De tous les biens que tu nous
      [donnes,
Le bien qui seul peut me charmer,
Ce n'est ni l'or ni les couronnes :
Mon Dieu, c'est le don de t'aimer.

Oui, je le sens, ta voix m'appelle,
M'arrêterai-je un seul moment ?
Tu m'as fait une âme immortelle,
Pour t'aimer éternellement.

De ton amour, de ta clémence,
Bien loin que je veuille abuser,
Je redoute moins ta vengeance
Que le malheur de t'offenser.

Servirais-je Dieu par contrainte ?
Pour tant de grâces, quel retour !
Ah ! si je dois sentir la crainte,
C'est celle qui naît de l'amour.

Quand il éprouve ma constance,
Ma peine est un nouveau bienfait ;
Devrait-on appeler souffrance
Ce qui rend l'amour plus parfait ?

De ce divin feu qui m'anime,
En vain je veux peindre l'ardeur :
Que faiblement la langue exprime
Ce qui remplit si bien le cœur !

## Sincérité.

*a a 7, p. 43, n° 49.*

Enfance aimable, ô fleur nou-
[velle,
Que j'aime à voir votre candeur !
Cette vertu partout est belle,
Mais bien plus dans un jeune
[cœur.

Enfants chéris, dans ce bel âge
Trahiriez-vous la vérité,
Vous dont le plus riche apanage
Doit-être la sincérité ?

O vertu propre de l'enfance,
Où faudrait-il donc te chercher,
Si dans l'âge de l'innocence
Tu te plaisais à te cacher ?

Dans tous les hommes l'on déteste
L'art affreux du déguisement :
Mais quel présage plus funeste
S'il se trouvait dans un enfant !

Un mensonge est une bassesse
Aux yeux mêmes de la raison,
Qui, sans couvrir votre faiblesse,
La rend indigne de pardon.

Quand même sa laideur extrême
N'engagerait point à le fuir,
Il blesse la vérité même ;
En faut-il plus pour le haïr ?

---

## L'humilité.

*a d 37, p. 37, n° 37.*

Que devant Dieu tout orgueil disparaisse,
Il est l'auteur de toute sainteté :
Que le superbe avoue et reconnaisse
Qu'on ne lui plaît que par l'humilité.

L'humilité, des vertus est la mère ;
Du Dieu vengeur, elle suspend les coups :
S'il nous menace en sa juste colère,
L'humilité désarme son courroux.

D'où vient, mortel, ta vaine complaisance ?
Ce que tu tiens, ne l'as-tu pas reçu ?
Pourquoi cet air de fierté, d'arrogance ?
Dans le péché ne fus-tu pas conçu ?

Tu n'es de toi que néant, que bassesse ;
De Dieu tu tiens et ton âme et ton corps ;
Sans son secours, hélas ! quelle faiblesse !
Sans lui tu fais d'inutiles efforts.

L'homme orgueilleux, pour lui seul plein d'estime,
S'élève, et Dieu ne veut pas l'écouter ;
Le publicain jusqu'au néant s'abîme,
Et le Seigneur se plaît à l'exalter.

### Charmes de la modestie.

*a d* 28, *p.* 32, *n*° 28.

Descends des cieux, aimable modestie ;
Viens, viens régner par tes chastes attraits.
Si Babylone et t'outrage et t'oublie,
Nos cœurs du moins ne t'oublieront jamais.

Sainte pudeur, comment peindre tes charmes ?
L'âme innocente est en paix sous ta loi ;
Le méchant cède à tes puissantes armes ;
La beauté même est plus belle avec toi.

Ah ! loin d'ici, trop coupables parures ;
Nos anges saints fuiraient de toutes parts.
De Dieu sur nous, vertu des âmes pures,
Fixe toujours l'amour et les regards.

---

### Détachement des richesses.

*a d* 7, *p.* 21, *n*° 6.

La pauvreté, quand elle est volontaire,
Dieu la chérit ; quel sort plus glorieux !
Au lieu des biens plus frêles que le verre,
Il lui destine un trésor dans les cieux.

Quand son amour vers nous le fit descendre,
Il se fit voir à de pauvres pasteurs ;
Dès ce moment il voulut nous apprendre
A mépriser le faste des grandeurs.

Dans les travaux de son pèlerinage,
A peine eut-il pour sa tête un soutien ;
Nous, que le crime a mis dans l'esclavage,
Nous ne voulons jamais manquer de rien.

Sur une croix, nu, privé d'assistance,
Il expira dans le sein des douleurs :
A son exemple, aimons l'humble indigence,
Et s'il le faut, portons-en les rigueurs.

Pour le salut, dans les biens de ce monde,
Que de dangers, que de piéges cachés !
Mais que la grâce en trésors est féconde,
Dès qu'à Dieu seul nos cœurs sont attachés !

Ces vains amas de perfides richesses
Valent-ils donc nos soins et nos travaux ?
Que de soucis, de pénibles adresses
Pour de faux biens suivis de mille maux !

De l'opulent toujours la soif augmente,
L'or qu'il n'a pas appesantit sa croix.
Bien plus heureux qui de peu se contente,
Il trouve en Dieu tous les biens à la fois.

---

## Motifs de l'aumône.

*a d* 39, *p.* 38, *n°* 39.

Aimons le pauvre, adoucissons sa peine,
Tout nous le dit: raison, nature et foi ;
De notre Dieu la bonté souveraine
Pour tous en fit une pressante loi.

Nous sommes tous enfants du même père,
Nous nous devons un secours mutuel ;
Fermer son cœur aux peines de son frère,
C'est se fermer à soi-même le ciel.

Ah ! que l'aumône aisément obtient grâce !
Qu'elle est puissante auprès du cœur de Dieu !
Par sa vertu l'iniquité s'efface,
Comme par l'eau s'éteint l'ardeur du feu.

Cœurs bienfaisants, cœurs vraiment charitables,
Qui soulagez vos frères malheureux,
Du Tout-Puissant les regards favorables
Toujours sur vous veillent du haut des cieux.

Oui, c'est en vous que le céleste Père
Voit ses enfants, ses fidèles portraits.
De sa tendresse, image douce et chère,
Vous retracez ici-bas ses bienfaits.

L'orphelin trouve en vous un autre père,
Le pauvre y voit son soutien, son secours ;
L'infortuné, que poursuit la misère,
Par vous encor voit luire d'heureux jours.

Le Fils de Dieu, notre juge suprême,
Pour vous aux cieux prépare tous ses biens ;
Son cœur divin tient pour fait à lui-même
Tout ce qu'on fait au plus petit des siens.

Quand il viendra enfin juger la terre,
Il vous dira, d'un ton plein de douceur :
Venez; ô vous, les bénis de mon Père,
Et pour jamais partagez mon bonheur.

---

### Aumône.

*a d 27, p. 31, n° 20.*

Cœurs bienfaisants, cœurs vraiment charitables,
Que votre sort est digne de nos vœux !
Du Tout-Puissant les regards favorables
Toujours sur vous veillent du haut des cieux.

C'est vous en qui notre céleste Père
Voit ses enfants, ses fidèles portraits.
De sa tendresse, image douce et chère,
Vous retracez aux mortels ses bienfaits.

L'orphelin trouve en vous un autre père,
Le pauvre y voit son soutien, son secours ;
Le malheureux que poursuit la misère,
Par vous encor retrouve de beaux jours.

Le Fils de Dieu, notre juge suprême,
Pour vous aux cieux a préparé ses biens.
Son cœur divin tient pour fait à lui—même
Tout ce qu'on fait au plus petit des siens.

Quand il viendra juger enfin la terre,
Il vous dira, d'un ton plein de douceur :
Venez, ô vous, les bénis de mon Père,
Et pour jamais partagez mon bonheur.

---

### Le Ciel, récompense des bonnes œuvres.

*ak 3, p. 60, n° 81.*

Le ciel en est le prix !
Que ces mots sont sublimes !
Des plus belles maximes
Voilà tout le précis :
Le ciel en est le prix.

Le ciel en est le prix !
Mon âme, prends courage :
Ah! si dans l'esclavage
Ici-bas tu gémis,
Le ciel en est le prix.

Le ciel en est le prix !
Amusement frivole,
De grand cœur je t'immole
Au pied du Crucifix,
Le ciel en est le prix.

Le ciel en est le prix !
La loi demande-t-elle,
Fût-ce une bagatelle,
N'importe, j'obéis.
Le ciel en est le prix.

Le ciel en est le prix !
Un rien, Seigneur, vous char-
Que faut-il ? une larme... [me;
Qui n'en serait surpris ?
Le ciel en est le prix.

Le ciel en est le prix !
Rends pour moi ce service....
Fais-moi ce sacrifice....
Dieu parle, j'y souscris ;
Le ciel en est le prix.

Le ciel en est le prix !
Endurons cette injure :
L'amour-propre en murmure,
Mais tout bas je lui dis :
Le ciel en est le prix.

Le ciel en est le prix !
Dans l'éternel empire
Qu'il sera doux de dire :
Tous mes maux sont finis,
Le ciel en est le prix.

---

## PRIÈRES ET ÉLÉVATION VERS DIEU.

—

### Première et dernière pensée du chrétien.

*a d* 3, *p.* 19, *n*os 3 et 8.

Dès que je vois reparaître l'aurore,
Je pense au Dieu suprême créateur :
Je le connais, je l'aime, je l'adore,
Et c'est à lui que je donne mon cœur.

Ce Dieu puissant protége notre enfance,
Soutient nos pas encore chancelants :
Il aime en nous la candeur, l'innocence,
Et les vertus bien plus que les talents.

Pour éclairer notre faible jeunesse
Il nous instruit de ses divines lois :
Nous recevons le don de la sagesse
Si notre cœur est docile à sa voix.

Ses saintes lois interdisent les crimes
Qui du méchant préparent le malheur.
Un jour, pécheurs, plongés dans les abîmes,
Vous pleurerez votre coupable erreur.

Mais Dieu pardonne à celui qui l'offense,
Quand il renonce à son impiété :
Un cœur contrit peut, par la pénitence,
Fléchir le Dieu qu'il avait irrité.

Oh ! que j'aspire aux biens de l'autre vie !
A chaque instant j'y porte mes désirs :
Errant, banni, si loin de ma patrie,
Puis-je ici-bas goûter quelques plaisirs ?

Quand le soleil termine sa carrière,
Je me souviens du terme de mes jours ;
Je me prépare à mon heure dernière,
De mon Sauveur j'implore le secours.

C'est devant vous, ô Juge redoutable,
Que je m'accuse et que je me confonds ;
Je vous demande un arrêt favorable,
Pour couronner en moi vos propres dons.

---

### Cantique du milieu du jour.
*a é* 2, *p.* 51, *n*° 64.

L'astre du jour, du haut de sa carrière,
De feux remplit l'immensité des cieux ;
Un mot de Dieu, du chaos ténébreux
A fait jaillir ces torrents de lumière.

Qu'il est brillant dans un ciel sans nuage !
Quel œil mortel peut soutenir ses feux !
Du Dieu puissant qui règne dans les cieux,
Il n'est encor qu'une bien faible image.

Vers le couchant son cours se précipite,
Dans l'Océan il va cacher ses feux,
Emblême, hélas ! des mortels malheureux :
Vers le tombeau nous courons aussi vite.

Bientôt la nuit va de ses sombres ailes,
De la nature éclipser la beauté ;
D'un jour sans fin, la brillante clarté
Doit succéder à nos clartés mortelles.

Méprisons donc le néant de ce monde,
Que tous nos vœux se portent vers le ciel;
Il n'est de paix qu'au sein de l'Eternel,
Du vrai bonheur c'est la source féconde.

---

### Avant le catéchisme.
*aa* 10, *p.* 44, *n*° 52.

A votre école, ô divin Maître,
Nous venons ici nous former ;
Apprenez-nous à vous connaître ;
A vous servir, à vous aimer.

Seigneur, qu'attentif et tranquille
Mon esprit s'ouvre à votre voix,
Et que mon cœur toujours docile
Chérisse et pratique vos lois.

### Autre.

Afin d'être docile et sage,
Seigneur, donnez-moi votre es-
[prit,
Pour apprendre, selon mon âge,
Les vérités de Jésus-Christ.

Esprit-Saint, faites-moi compren-
[dre
Ce que vous m'allez expliquer ;
Mais en me le faisant apprendre,
Faites-le moi bien pratiquer.

### Après le catéchisme.

O mon Dieu, je vous remercie
De ces utiles vérités :
Et par Jésus-Christ je vous prie
D'oublier mes légèretés.

Puisqu'on est d'autant plus cou-
[pable
Qu'on sait et ne fait pas le bien,
Si vous me rendez plus capable,
Seigneur, rendez-moi plus chré-
[tien.

### Autre.

Nous révérons cette loi sage
Que l'on vient de nous expliquer ;
Achevez, Seigneur, votre ouvra-
Aidez-nous à la pratiquer. [ge,

Soyons à Dieu dès notre enfance,
Passons nos jours à le servir,
Et que toute notre science
Soit de croire, aimer, obéir.

---

### Quand l'heure sonne.

*aa* 1, *p.* 40, *n°* 43.

Je crois en vous, en vous j'espère,
Je vous aime de tout mon cœur,
Je vous adore, ô vous, mon Père,
Mon Dieu, mon Roi, mon Créa-
[teur.

De vos biens je vous remercie,
De mes péchés je me repens,
Qu'à vous je sois toute la vie,
Qu'à moi vous soyez en tout
[temps.

---

### Fin de la journée.

*ao, p.* 63, *n°* 86.

Même sujet, ad 41, Le soleil vient de finir sa carrière, n° 126. Oraison dominicale. Vous dont le trône, ac 1 et 2, n° 122 du grand Recueil des 260 C. pour les paroles.

O Dieu dont la providence,
Fixe nos nuits et nos jours,
De la nuit que je commence
Daigne rendre heureux le cours.

  O Dieu dont, etc.

Que tes anges tutélaires
Veillent sur tous mes moments,

Et que leurs soins salutaires
Gardent mon âme et mes sens.

  Que tes anges, etc.

Que jamais je ne sommeille
Que dans la paix du Seigneur,
Et que je ne me réveille
Que pour lui donner mon cœur.

  Que jamais, etc.

### L'âme s'élève à Dieu dans la solitude.

*a a* 2, *p.* 41, *n°* 44.

Heureux séjour de l'innocence,
Ruisseaux, vallons délicieux,
Chantons Celui dont la puissance
Forma ces agréables lieux.

Il fait naître cette verdure,
Il l'embellit de mille fleurs ;
Mais s'il pare ainsi la nature,
Ce n'est que pour gagner nos
[cœurs.

Dans cette aimable solitude,
Où tout semble fait pour char-
[mer,
Je le sers sans inquiétude,
Et ne m'occupe qu'à l'aimer.

Sur un chêne de ce bocage,
Je gravai son nom l'autre jour :
Le chêne croîtra d'âge en âge,
Avec lui croîtra mon amour.

L'astre brillant qui nous éclaire
Nourrit et ranime les fleurs ;
Ainsi sa grâce salutaire
Echauffe et ranime nos cœurs.

Un lis brille sur ce rivage
Par son éclatante blancheur :
Heureux si ce lis est l'image
De la pureté de mon cœur.

Oiseaux dont le chant plein de
[charmes
Forme les plus tendres accents,
Je vous entendrai sans alarmes ;
Tous vos concerts sont innocents.

Ruisseau, si je grossis ton onde,
Si j'y mêle souvent mes pleurs,
C'est que ta course vagabonde
Me fait songer à mes erreurs.

Cette abeille pique et s'envole
En laissant l'aiguillon vengeur :
Ainsi passe un plaisir frivole ;
Il n'en reste que la douleur.

Paissez, agneaux, dans la prairie,
Et bénissez le bon Pasteur.
Qu'on est paisible dans la vie
Lorsque l'on a votre douceur !

---

### Même sujet.

*a d* 6, *p.* 20, *n°* 5.

Douce retraite, aimable solitude,
Lieux ennemis de l'éclat et du bruit,
On est chez vous libre d'inquiétude
Et des soucis que le monde produit.

De ces beaux lieux la bénigne influence
Fait respirer un air pur et serein :
C'est le séjour de l'aimable innocence,
C'est l'avant-goût du bonheur souverain.

Du Dieu vivant de qui j'ai reçu l'être,
Tout en ces lieux me parle tour-à-tour :
Jusqu'aux rochers, tout me le fait connaître,
Et tout pour lui ranime mon amour.

Tantôt errant de prairie en prairie,
Si je m'arrête au bord d'un clair ruisseau,
Hélas ! me dis-je, ainsi coule la vie,
Elle s'enfuit plus vite que cette eau.

Si des oiseaux j'entends le doux ramage,
Leur voix m'invite à chanter à mon tour :
Alors des saints empruntant le langage,
Au Dieu puissant j'adresse un chant d'amour.

Rose charmante, en qui je vois paraître
Tant d'éclat joint au parfum le plus doux,
Dans peu de temps vous mourrez ; mais peut-être
Vivrai-je, hélas ! encore moins que vous.

Lorsque j'entends, sous un épais feuillage,
Autour de moi murmurer les zéphirs ;
Avec plaisir j'imite leur langage,
Et vers le ciel je pousse des soupirs.

Quand à mes yeux un arbre se présente,
Courbé, pliant sous le poids de son fruit ;
Je le regarde, et d'une voix tremblante,
Hélas ! me dis-je, ai-je encor rien produit ?

Dès que la nuit étend ses sombres voiles,
Je me rappelle et la mort et son deuil ;
Et je crois voir, dans le feu des étoiles,
Les pâles feux qui suivent un cercueil.

Rempli du Dieu que j'aime et que j'adore,
J'en entretiens les rochers d'alentour ;
Ils sont témoins du feu qui me dévore,
Et leurs échos en parlent nuit et jour.

---

### Le pécheur dans la solitude.

*a d* 8, *p.* 22, *n°* 7.

Tout me confond dans ce charmant asile,
Et chaque objet irrite ma douleur ;
Jamais, Seigneur, un pécheur n'est tranquille,
Si vous n'avez l'empire de son cœur.

Tout suit ici le cours de la nature,
Tout obéit à votre aimable voix :
Je suis, hélas ! la seule créature
Qui ne suit point vos adorables lois.

Le clair ruisseau dont l'onde coule et passe,
Suit le chemin que le ciel a tracé ;
Mais le chemin que votre main me trace
N'est que trop tôt de mon cœur effacé.

Tel, en tout temps, qu'il fut dès sa naissance,
Un lis charmant conserve sa blancheur ;
Et je perdis, hélas ! mon innocence,
Dès que je fus le maître de mon cœur.

Le papillon, ami du badinage,
Sans s'arrêter voltige autour des fleurs ;
Je fus jadis du moins aussi volage,
Et mon erreur est plus digne de pleurs.

Tendres oiseaux, par votre doux ramage,
Vous bénissez le Dieu qui vous a faits ;
Et moi qui suis, comme vous, son ouvrage,
Ai-je jamais célébré ses bienfaits ?

Astres brillants, en éclairant la terre,
Vous annoncez sa gloire et sa splendeur ;
Et moi, malgré sa foudre et son tonnerre,
Par mes mépris j'insulte à sa grandeur.

Dans les beaux jours de ma plus tendre enfance,
Je fus, zéphirs, inconstant comme vous ;
Ou si mon cœur se piqua de constance,
Ce fut toujours pour braver son courroux.

Pourquoi, Seigneur, de vos faveurs insignes
Prévenez-vous les mortels ici-bas ?
De vos faveurs les mortels sont indignes ;
Vos plus grands soins font de plus grands ingrats.

Plaisirs trompeurs, que vous causez d'alarmes !
Que vous coûtez de pleurs et de soupirs !
Désabusé de vos funestes charmes,
Vers mon Dieu seul je porte mes désirs.

---

**Sentiments du chrétien pénétré de l'amour de Dieu.**

*ax 2, p. 72, nº 102.*

Qu'il a de charmes à mes yeux !
O Dieu, que doux est votre em-
[pire !
C'est pour lui seul que je soupire,

Tout autre objet m'est ennuy-
[eux :
Loin de ces lieux pleins d'allé-
[gresse,
Je languis et gémis sans cesse.

Dans ton immortelle beauté,
Quand te verrai-je, ô ma pa-
[trie?
Dans les fers mon âme asservie
N'aspire qu'à l'éternité.
   Loin de ces lieux, etc.

Non, jamais ils ne sortiront,
Tes doux attraits, de ma mé-
[moire;
C'est dans ton sein, céleste gloire,
Que tous mes ennuis finiront.
   Loin de ces lieux, etc.

Tu calmeras tous mes soupirs,
Des biens parfaits, source fé-
[conde;

Dans le sein d'une paix pro-
[fonde,
Tu combleras tous mes désirs.
   Loin de ces lieux, etc.

Là, sur les cœurs à Dieu soumis
L'enfer n'aura plus de puis-
[sance;
Là triomphera l'innocence:
De ces combats tel est le prix.
   Loin de ces lieux, etc.

Je te verrai, céleste cour:
Tu fais ici mon espérance;
Un jour, ton heureuse abon-
[dance
Sera le prix de mon amour.
   Loin de ces lieux, etc.

---

### Le Chrétien soupire après la fin de son exil.

*a d 30, p. 33, n° 22.*

O Dieu d'amour, viens pénétrer mon âme;
Mon cœur languit et sèche loin de toi:
Si je sentais les ardeurs de ta flamme,
Le monde entier ne serait rien pour moi.

Avec effroi je regarde la terre:
De tous côtés elle n'offre à mes yeux
Qu'un dur exil où l'affreuse misère
Me fait pousser des cris jusques aux cieux.

Pourquoi rester encore dans une vie
Qui n'est pour moi que l'empire des morts?
Depuis longtemps la chaîne qui me lie
Ne retient plus que l'ombre de mon corps.

A cet exil mon âme condamnée
Ne prétend plus y goûter de repos:
Pour soutenir ma triste destinée,
Je cherche un lieu dans le fond des tombeaux.

Aux maux passés succèdent les alarmes
Des maux plus grands d'un cruel avenir;
Et les méchants me reprochent les larmes
Que ma douleur ne saurait retenir.

Des lieux sacrés les lugubres décombres
D'un peuple entier attestent la fureur :
On a des morts détruit les grottes sombres :
Pour me cacher je n'ai plus que mon cœur.

Mais quoi ! mon âme, es-tu donc ébranlée ?
Tous tes travaux vont-ils être perdus ?
Rappelle-toi, pour être consolée,
Que sur la croix il faut suivre Jésus.

Près de toi, j'aime et mes maux, et mes larmes,
Et de la mort l'inexorable loi :
Oui, la mort même à mes yeux a des charmes,
O doux Jésus, si je meurs avec toi.

Je sais au moins qu'un Dieu bon est mon père ;
S'il me punit, il ne me perdra pas.
J'ai mérité sa trop juste colère ;
Mais tous mes maux finiront au trépas.

---

### Hommage à la grandeur de Dieu.

Psaume *Laudate, pueri, Dominum.*

*a d* 5, *p.* 20, *n*° 4.

Rendez à Dieu vos vœux et vos hommages,
Louez son nom, publiez ses grandeurs :
Que, de ce jour, jusqu'au dernier des âges,
Ce nom sacré vive dans tous les cœurs.

Depuis l'instant où, dardant sa lumière,
L'astre du jour vient dorer nos côteaux,
Jusqu'au moment où finit sa carrière,
Qu'il soit l'objet de nos chants les plus beaux.

Qu'il soit béni du couchant à l'aurore,
Le nom du Dieu qui créa l'univers ;
Qu'en tout climat toute langue l'honore,
Qu'il soit connu chez les peuples divers.

Peuples et rois sous lui courbent la tête,
Tout sur la terre est soumis à ses lois :
Astres brillants, pluie et vent et tempête,
Tout dans les cieux obéit à sa voix.

Du haut des cieux où réside sa gloire,
Ce Dieu si grand s'abaisse jusqu'à nous :
La nuit, le jour, présents à sa mémoire,
C'est par Lui seul que nous respirons tous.

De l'orgueilleux s'il confond l'arrogance,
L'humble et le pauvre obtiennent ses faveurs ;
De la poussière il sait, par sa puissance,
Les élever au faîte des grandeurs.

Eglise sainte, il vient en jours de fête,
Changer les jours de ta viduité ;
Sèche tes pleurs, lève, lève la tête
Au doux aspect de ta postérité.

---

### Cantique d'actions de grâces.

*Te Deum.*

*a i 2, p. 58, n° 77.*

Nous te louons, Seigneur, nous célébrons ta gloire ;
Nos cœurs de tes bienfaits conservent la mémoire.
O Monarque puissant ! ô Père des humains !
Tout l'univers se dit l'ouvrage de tes mains.

Nous unissons nos voix à ces légions d'Anges
Qui donnent à ton nom d'immortelles louanges.
Les Trônes, les Vertus, les zélés Chérubins,
Les puissances des cieux, les ardents Séraphins,

Chantent incessamment de leurs voix enflammées :
Saint, Saint, Saint est le Dieu, le Seigneur des armées.
Ta sagesse et ta gloire éclatent en tous lieux,
Ta majesté remplit l'immensité des cieux.

Tes Apôtres zélés, tes glorieux Prophètes,
Ces généreux Martyrs qui t'ont fait des conquêtes,
Et ce nombre infini de fidèles enfants
Que ta grâce a rendus du monde triomphants ;

Chantent, Père éternel, ta majesté suprême,
Et ton auguste Fils aussi grand que toi-même,
Et ton divin Esprit, cet Esprit créateur,
Qui des feux les plus purs embrasent notre cœur.

O Pontife des cieux, ô Jésus, Roi de gloire !
Toi qui sur les enfers nous donnas la victoire,
Nous confessons en toi le vrai Dieu d'Israël,
La sagesse du Père, et son Verbe éternel.

Tu n'a pas dédaigné, pour nous rendre la vie,
De prendre un corps mortel dans le sein de Marie :
Triomphant de la mort, tu nous ouvres les cieux ;
A la droite de Dieu tu règnes glorieux.

Tu dois venir un jour, Maître et Juge équitable,
Récompenser le juste et punir le coupable :
Ah ! daigne soutenir de ton bras tout puissant
Tes humbles serviteurs rachetés de ton sang.

Fais que de tes brebis tout le troupeau fidèle
Jouisse avec tes Saints d'une gloire immortelle ,
Délivre-nous, Seigneur, de la captivité,
Et répands tes bienfaits sur notre pauvreté.

Le soleil dans les cieux interrompra sa course,
On verra les ruisseaux remonter à leur source,
Avant que nous perdions, mon Dieu, ton souvenir,
Avant que nous puissions cesser de te bénir.

O généreux Pasteur, achève ton ouvrage,
Conduis tes chers enfants au céleste héritage ;
Que ton cœur paternel de nos maux soit touché,
Et préserve à jamais nos âmes du péché.

Daigne écouter nos vœux, remplir notre espérance,
Fais-nous dans cet exil éprouver ta clémence :
Celui qui de toi seul attend tout son secours,
Mon Dieu, ne sera point confondu pour toujours.

---

**Après la distribution des Prix.**

*a d 34, p. 34, n° 24.*

Un jour charmant à vos yeux vient de luire,
Offrez vos prix à l'Auteur de tous dons :
Par ces prix même il daigne vous instruire,
Ouvrez vos cœurs à ses douces leçons.

Il dit au faible : Espère en ma puissance ;
Juste affligé, sèche, sèche tes pleurs,
Le temps s'enfuit, l'éternité s'avance ;
Là, pour jamais finiront tes douleurs.

Le cœur heureux d'un flatteur témoignage,
Vous contemplez le prix de vos vertus :
Tels, au grand jour, des palmes du courage
Seront chargés le bras de mes élus.

Votre pasteur, les yeux baignés de larmes,
A couronné ses plus chères brebis :
Ainsi mes Saints, à l'abri des alarmes,
Près de mon trône un jour seront assis.

Tendre pasteur, sur un troupeau qui t'aime
Étends les mains ; ce sont là nos désirs.
Dieu des vertus, bénissez-le lui-même...
Ainsi des Saints finissent les plaisirs.

# RECUEIL

DE

# 120 CANTIQUES

POUR TOUTE L'ANNÉE.

---

## DEUXIÈME PARTIE.

### ANNÉE DU CHRÉTIEN.

—

### PROPRE DU TEMPS.

—

#### AVENT.

**L'Âme fidèle soupire après la venue du Sauveur.**

*a a 5, p. 42, n° 47.*

Le Dieu que nos soupirs appel-
[lent,
Hélas ! ne viendra-t-il jamais ?
Les siècles qui se renouvellent
Accompliront-ils ses décrets ?

Le verrons-nous bientôt éclore,
Ce jour promis à notre foi ?
Viens dissiper, brillante aurore,
Les ombres de l'antique loi.

C'en est fait, le moment s'avance,
Un Dieu vient essuyer nos
[pleurs :
Il va combler notre espérance,
Et mettre fin à nos malheurs.

Filles des rois, ô Vierge aimable,
Parais, sors de l'obscurité :
Reçois le prix inestimable
Que tes vertus ont mérité.

Des promesses d'un Dieu fidèle,
Le gage en tes mains est remis ;

Quel bonheur pour une mor-
[telle !
Un Dieu va devenir ton Fils.

Dans sa demeure solitaire
Je vois un ange descendu :
O prodige ! ô grâce ! ô mystère !
Dieu parle, et le Verbe est conçu.

Mortels, d'une tige coupable,
Rejetons en naissant flétris,
Dieu brise le joug déplorable
Où vivaient nos aïeux proscrits.

Son amour nous rend tout facile ;
Ne combattons plus ses desseins ;
Parmi nous lui-même il s'exile,
Pour finir l'exil des humains.

Il répand des grâces nouvelles,
Consomme ses engagements ;
A ses lois soyons tous fidèles,
Comme il le fut à ses serments.

5

## Même sujet.

*as 5, p. 69, n° 97.*

Il n'est pas loin, l'heureux mo-
[ment
Qui doit finir notre misère,
Il va venir l'auguste enfant
Qui donne la paix à la terre.

Tournons vers lui tous nos sou-
[pirs,
Appelons-le par nos désirs.

Du jour qui fait notre bonheur,
Déjà l'on voit briller l'aurore,
Voilà que de Jessé la fleur
Pour nous, mortels, est près
Tournons, etc.          [d'éclore,

De Bethléem doit s'élever
Ce brillant soleil de justice ;
Trop longue nuit, tu vas céder
A cette lumière propice.
     Tournons, etc.

Parais enfin, divin Enfant ;
Tout l'univers dans la souffrance,
Après toi soupire et t'attend ;
Viens opérer sa délivrance.
Ah ! sois touché de nos soupirs ;
Cède à l'ardeur de nos désirs.

Dans ta naissance à tous nos
[maux,
Nous trouverons le vrai remède ;
Et l'espoir des jours les plus
[beaux
A nos pleurs aujourd'hui suc-
     Ah ! sois, etc.          [cède.

Surtout daigne naître en nos
[cœurs,
Tu vois leur extrême indi-
[gence ;
Enrichis-les de tes faveurs,
Rends-les dignes de ta présence.
     Ah ! sois, etc.

---

# NOEL.

## Enfance de Jésus, modèle de la nôtre.

*ap 1 ou 2, p. 64, n° 87 ou 88.*

O vous dont les tendres ans
Croissent encore innocents,
Pour sauver à votre enfance
Le trésor de l'innocence,
Contemplez l'enfant Jésus,
Et prenez-en les vertus.

Il est votre Créateur,
Votre Dieu, votre Sauveur ;
Mais il est votre modèle.
Heureux qui lui fut fidèle !
Il eut part à sa faveur,
A ses dons, à son bonheur.

Que touchant est le tableau
Que nous offre son berceau !
Ô que de leçons utiles
Y trouvent les cœurs dociles !
Accourez, vous tous, Enfants!
Y former vos jours naissants.

Une étable est le séjour
Où Jésus reçoit le jour :
Sous ces langes, de sa crêche
Sa divine voix nous prêche
Que l'indigence, à ses yeux,
Est un riche don des cieux.

Pourquoi ce froid, ces douleurs,
Ces yeux qui s'ouvrent aux
    [pleurs,
Ce sang qu'il daigne répandre ?
N'est-ce pas pour nous apprendre
Qu'il faut haïr le plaisir,
Et pour lui vivre et souffrir ?

Ce Dieu, seul prêtre immortel,
Du berceau passe à l'autel,
Et, législateur et maître,
A la loi va se soumettre,
Prêt à s'immoler un jour
Pour son Père et notre amour.

Il naît à peine, et naissant
Il veut fuir obéissant :
Trente ans, dans un vil asile,
L'ont vu fidèle et docile,
Exact, obéir toujours
Aux saints gardiens de ses jours.

Si, par un départ secret,
Il leur laisse un vif regret,
Ils le reverront au temple

Nous montrer par son exemple
Qu'on doit pour Dieu tout quitter.
Qui de nous sut l'imiter ?

Esprits vains, cœurs indomptés,
Captivez vos volontés.
Quand on voit Jésus lui-même,
Jésus, la grandeur suprême,
S'abaisser, s'anéantir,
Peut-on ne pas obéir ?

Qu'il est beau de voir ces mains,
Qui formèrent les humains,
Se prêter aux œuvres viles,
Aux travaux les plus serviles,
Et rendre à jamais pour nous
Tout travail louable et doux !

Tout m'instruit dans l'Enfant-
      [Dieu ;
Son respect pour le saint lieu,
Son air modeste, humble, affable,
Sa douceur inaltérable,
Son zèle, sa charité,
Sa clémence, sa bonté.

Jésus croît ; et plus ses ans
Hâtent leurs accroissements,
Plus l'adorable sagesse,
Qui réside en lui sans cesse,
Dévoile aux yeux des humains
L'éclat de ses traits divins.

Combien en est-il, hélas !
Qui, loin de suivre ses pas,
Vont, croissant de vice en vice,
Aboutir au précipice ?
Heureux, seul heureux, qui prend
Pour guide Jésus enfant !

**Le chrétien ferme son cœur et ses sens à tout ce qui n'est pas Jésus.**

*am, p. 61, n° 82.*

Jésus est mon bonheur
Et toute ma richesse ;
Et d'esprit et de cœur
Je médite sans cesse
    Jésus.
Jésus est mon amour
Et la nuit et le jour.

Qu'on ne me parle plus
Des grandeurs de ce monde,
J'en trouve dans Jésus
Une source féconde.
    Jésus, etc.

Aveuglez-vous, mes yeux,
Sur tout objet sensible ;
Sachez voir en tous lieux
Jésus, quoique invisible.
    Jésus, etc.

Avec soin fermez-vous,
A toutes les nouvelles,
Mes oreilles ; aux fous
Laissez les bagatelles.
    Jésus, etc.

Ma langue est à Jésus :
Ma bouche, il faut vous taire,

Ou bien ne parlez plus
Qu'à dessein de lui plaire.
    Jésus, etc.

Mes mains, occupez-vous,
Et faites votre ouvrage
Pour servir mon Epoux,
Et pour lui rendre hommage.
    Jésus, etc.

Cherchez, mes pieds, cherchez
Jésus dans la retraite ;
Ses biens y sont cachés,
Leur douceur est parfaite.
    Jésus, etc.

Contemplez, mon esprit,
La sagesse incarnée,
Seul objet que chérit
L'âme prédestinée.
    Jésus, etc.

Allons, mon âme, allons
Au bonheur véritable ;
Aimons Jésus, aimons
Le seul bien tout aimable.
    Jésus, etc.

---

## Amabilités de Jésus.

*a d 42, p. 40, n° 38.*

Etre ineffable, à l'âme qui t'adore
Daigne inspirer l'ardeur de tes élus !
Au cœur atteint du feu qui les dévore,
Rien n'est si doux que le nom de Jésus.

Quand je sommeille, il entretient mon âme,
Il rajeunit mes membres abattus ;
Quand je m'éveille, il m'éclaire, il m'enflamme :
Mon premier mot est le nom de Jésus.

Mon cœur l'invoque au lever de l'aurore,
Aux feux du jour mes feux se sont accrus ;

Quand la nuit vient, mon cœur l'invoque encore :
Toujours, toujours, mon cœur est à Jésus.

Je l'ai cherché, quand j'étais dans la peine ;
Je l'ai trouvé, mes maux sont disparus...
Mais, ô bonheur d'une âme qu'il enchaîne !
Pour le sentir, il faut aimer Jésus.

Qui l'a goûté veut le goûter sans cesse ;
Qui l'a trouvé ne l'abandonne plus ;
Un cœur blessé suit le trait qui le blesse,
A tout il meurt pour revivre en Jésus.

Mon cœur, lassé des faux biens de la terre,
N'aspire plus qu'au séjour des élus.
Ah ! quel bonheur de finir ma carrière
En invoquant le doux nom de Jésus !

---

## Le chrétien entraîné vers Jésus.

*a b* 3, *p.* 46, *n°* 55.

Quel attrait vers Jésus nous entraîne ?
Ah ! goûtons ses divines douceurs.
De ses feux toute la terre est pleine,
Nos cœurs seuls seraient-ils sans ardeurs ?

De Jésus, ah ! que la chaîne est belle !
Que son joug est aimable et charmant :
Volons tous, c'est lui qui nous appelle ;
Malheureux qui tarde un seul moment !

Que les feux que son amour fait naître,
Dans nos cœurs ne s'éteignent jamais !
Quand un cœur commence à le connaître,
Pourrait-il repousser tant d'attraits ?

Ce Dieu saint est la bonté suprême,
Ses faveurs croissent de jour en jour,
Et pour nous jusqu'au silence même,
Tout au cœur parle de son amour.

Dieu-Sauveur, qui vous donnez vous-même,
Recevez et mon cœur et ma foi.
Quel plaisir d'aimer un Dieu qui m'aime !
Où trouver une aussi douce loi ?

Cœur ingrat, cœur dur, cœur insensible,
Quoi ! Jésus ne pourrait vous charmer ?

A sa suite il n'est rien de pénible ;
Plus on l'aime et plus on veut l'aimer.

Dieu d'amour, cher Epoux de nos âmes,
Avec nous formez les plus beaux nœuds ;
Ici-bas brûlez-nous de vos flammes ;
Dans le ciel couronnez tous nos vœux.

---

### Même sujet.

*a b* 4, *p.* 46, *n°* 56.

A Jésus pour toujours je me lie,
Et ma chaîne est un lien d'amour.
Au milieu de son cœur je m'oublie,
Et mille ans ne me sont qu'un seul jour.

Je redis à la nuit, à l'aurore :
O Jésus, que je brûle pour vous !
Plus je parle du Dieu que j'adore,
D'en parler plus il me paraît doux.

Par l'ardeur qu'en moi Jésus imprime,
Et le jour et la nuit consumé,
Que mon cœur s'abreuve et se ranime
Dans la coupe de mon Bien-aimé.

O grand Dieu, de qui j'ai reçu l'être,
Tous vos dons servent à m'enflammer.
Qu'il est doux de pouvoir vous connaître !
Qu'il est doux de pouvoir vous aimer !

Loin de vous nuit et jour je soupire,
Et je sens que l'exil est cruel ;
Chaque jour fait durer mon martyre,
Chaque instant me paraît éternel.

Terminez le tourment que j'endure ;
Placez-moi dans l'éternel séjour.
Que mon cœur vous aime sans mesure !
Que j'expire d'un excès d'amour !

Dieu d'amour, cher Epoux de nos âmes,
Avec nous formez les plus doux nœuds.
Ici-bas brûlez-nous de nos flammes,
Dans le ciel couronnez tous nos vœux.

## CIRCONCISION.

—

### Pour le renouvellement de l'année.

*a c 4, p. 48, n° 60.*

Auteur des temps, Dieu de l'éternité,
Qui des mortels réglez la destinée,
Nous venons tous avec humilité
Vous consacrer cette nouvelle année.

Le ciel, la terre, et tous ses habitants
Prêchent partout, ô puissance infinie,
Que de vous seul dépendent tous nos ans,
Nos mois, nos jours, nos moments, notre vie.

Si tu les tiens, ces ans, de sa bonté,
A qui, mortel, en devais-tu l'hommage ?
S'ils sont le prix de ton éternité,
En devais-tu faire un si triste usage ?

Des ans passés calcule tous les mois :
De chaque mois calcule les journées :
A ton Seigneur, dis-moi combien tu crois
Avoir donné d'heures, de tant d'années ?

Qui sait, hélas ! si tu verras la fin
Du nouvel an dont s'ouvre la carrière !
Qui ne se peut promettre un lendemain
Comptera-t-il sur une année entière ?

Nous gémissons, ô notre divin Roi,
D'avoir commis, depuis la tendre enfance,
Tant de péchés que défend votre loi,
Et provoqué votre juste vengeance.

Nous venons tous vous promettre en ce jour,
De vous servir avec un cœur fidèle ;
Embrasez-le du feu de votre amour,
Qu'il ait pour vous une ardeur éternelle.

O Dieu, rendez heureuse à vos enfants
Dans tout son cours cette nouvelle année :
Eloignez-en tous fâcheux accidents ;
De mille biens qu'elle soit couronnée.

Que s'il vous plaît de prolonger nos ans,
Pour vos bontés pleins de reconnaissance,
Nous emploierons chacun de leurs instants
A mériter du ciel la récompense.

## Circoncision de Jésus-Christ.

*a é 3, p. 51, n° 65.*

O mon Jésus, ô mon bien et ma vie,
Ce jour va donc assurer mon bonheur !
Tu prends le nom, le doux nom de Sauveur ;
Et ton amour déjà le justifie.

C'était pour moi, quand tu venais de naître,
Que de tes pleurs tu mouillais ton berceau ;
Et c'est pour moi que tu viens, tendre Agneau,
Te présenter au glaive du grand-prêtre.

Tu nais à peine, et de ton sang propice
Tu veux déjà sceller tes jours naissants.
Moi dont le crime a devancé les ans,
Je n'ai rien fait pour calmer ta justice.

Ah ! dans mon cœur trop longtemps infidèle,
Eteins l'orgueil et l'amour du plaisir ;
Et que jamais il n'ait d'autre désir
Que de te prendre, ô Jésus, pour modèle.

Il faut enfin, moi qui fus seul coupable
Que, pour laver mes crimes à mon tour,
Mon repentir, animé par l'amour,
Mêle ses pleurs à ton sang adorable.

---

## ÉPIPHANIE.

*av, p. 71, n° 100.*

A l'envi sur les pas des Mages,
Allons aux pieds du Roi des rois ;
Allons de nos cœurs, de nos voix,
Lui porter les faibles hommages.
Jésus, vainqueur de l'univers,
Le soumet pour briser ses fers.

De notre part il ne désire
Ni riches présents, ni tributs ;
Il préfère d'humbles vertus
A l'or, à l'encens, à la myrrhe.
    Jésus, vainqueur, etc.

Qu'à jamais le ciel et la terre
Bénissent le nom de Jésus !
Enflammons-nous de plus en plus
Pour un Maître si débonnaire.
    Jésus, vainqueur, etc.

Que les conquérants de la terre,
Avides de titres pompeux,
Prennent les surnoms fastueux
Des peuples soumis dans la guer-
    Jésus, vainqueur, etc.     [re ;

C'est par de cruelles souffrances
Qu'il vient terminer nos mal-
                            [heurs ;
Si ses yeux répandent des pleurs,
C'est pour effacer nos offenses.
    Jésus, vainqueur, etc.

Jésus, ô nom incomparable !
O le plus saint de tous les noms !
Il est la terreur des démons ;
Mais aux pécheurs qu'il est aima-
   Jésus, vainqueur, etc.    [ble!

Qu'à ce nom les genoux fléchis-
             [sent
Dans les airs, les cieux, les enfers!
Jusqu'aux bornes de l'univers,
Que tous les lieux en retentissent.

---

## Nécessité de se donner à Dieu dès la jeunesse.
*a k* 1, *p.* 60, *n°* 79.

A servir le Seigneur
Que votre cœur s'empresse ;
Montrez, chère jeunesse,
Montrez tous votre ardeur
A servir le Seigneur.

Dieu seul doit vous charmer,
Il est le bien suprême ;
Il vous aime lui-même,
Peut-on ne pas l'aimer ?
Dieu seul doit vous charmer.

D'un jeune et tendre cœur,
Oh! qu'il aime l'offrande !
A tous il la demande :
Lui seul fait le bonheur
D'un jeune et tendre cœur.

Commencez dès ce jour
D'aimer un si bon Père :
Souvent pour qui diffère
Il n'est pas de retour ;
Commencez dès ce jour.

Aimez la pureté,
Quel bien plus estimable !
Rien de plus agréable
Au Dieu de sainteté ;
Aimez la pureté.

Fuyez les vains plaisirs
Que le monde présente :
Qu'une vie innocente
Fixe tous vos désirs ;
Fuyez les vains plaisirs.

O Dieu plein de bonté,
Secourez-nous sans cesse ;
Gardez notre jeunesse
De toute iniquité,
O Dieu plein de bonté.

Régnez dans notre cœur,
Soyez notre partage ;
Et que, croissant en âge,
Nous croissions en ferveur ;
Régnez dans notre cœur.

---

## Invitation à fuir le vice, et à se donner à Dieu dès l'enfance.
*a d* 14, *p.* 24, *n°* 11.

Tendres enfants, aux délices perfides,
Aux faux plaisirs n'ouvrez point votre cœur :
C'est en Dieu seul que sont les biens solides :
Sans son amour, il n'est point de bonheur.

Par quels attraits, le crime, et par quels charmes
Peut-il, hélas ! pervertir tant de cœurs ?
Les noirs remords, les mortelles alarmes,
Suivent toujours la trace des pécheurs.

Le sort du juste est bien plus désirable,
De son bonheur rien n'arrête le cours ;
Sa joie est pure et sa paix véritable ;
Les jours pour lui ne sont que d'heureux jours.

Chéri de Dieu, toujours à Dieu fidèle,
Des saints trésors qu'il gagne chaque jour,
Il enrichit la couronne immortelle
Que le Seigneur réserve à son amour.

Pour les pécheurs la mort si redoutable,
S'offre à ses yeux sous des traits de douceur ;
Il meurt tranquille, et d'un sommeil aimable
Il passe au sein de Dieu son créateur.

Enfant dont l'âme est innocente et pure,
Ah ! si jamais même un seul de vos jours
Doit du péché connaître la souillure,
Qu'une mort prompte en abrége le cours.

---

## PRIÈRES DES QUARANTE HEURES.

—

### Fuite des occasions.

*a o, p.* 63, *n°* 86.

Le péril qui nous menace
Doit toujours nous alarmer :
Quelquefois le ciel se lasse,
De courroux il peut s'armer.
Si nous possédons la grâce,
Sachons du moins l'estimer.

Les plaisirs ont à leur suite
De trop dangereux attraits ;
Quand une âme en est séduite,
En revient-elle jamais ?
Souvent on n'a que la fuite,
Pour en éviter les traits.

Dès que l'on aime le monde,
Il n'est plus de vrais repos ;
On est, comme au sein de l'onde,
Toujours battu par les flots ;
C'est une source féconde
D'inquiétude et de maux.

Nous ne sommes que faiblesse,
Nous tombons à chaque pas ;
Si le monde nous caresse,
Craignons ses trompeurs appas.
Quelque soit le trait qui blesse,
Il peut causer le trépas.

Quand on va chercher l'orage,
On y trouve enfin la mort ;
Le plaisir qui nous engage
Nous prépare un triste sort.
Pour éviter le naufrage,
Retirons-nous dans le port.

---

### Séduction du mauvais exemple.

*a d* 26, *p.* 30, *n°* 19.

Faibles mortels, quel torrent vous entraîne ?
D'un monde vain l'exemple vous séduit :
D'un faux respect brisez enfin la chaîne ;
Osez montrer que la foi vous conduit.

Craindriez-vous la noire calomnie ?
Le vrai chrétien peut braver tous ses traits :
Pour sa défense il fait parler sa vie ;
Son Dieu le voit, et son cœur est en paix.

Qu'à nos discours la charité s'allie,
À nos devoirs une douce gaîté ;
Fuyons l'orgueil, la sombre jalousie,
Et nous aurons vengé la piété.

Que tout en nous atteste la présence
Du Dieu caché qui vit en ses élus :
Assez, hélas ! on l'oublie, on l'offense ;
Mais nous, du moins, offrons-lui des vertus.

---

### Scandale des joies mondaines.
*at, p.* 70, *n°* 99.

Quels cris font retentir les airs ?
Quels Démons sortent des Enfers?
À qui destine-t-on ces fêtes ?
Est-ce au Dieu de la sainteté ?..
Non, non! Monde impur, tu t'ap-
A célébrer la volupté.    [prêtes

Hé quoi ! verrons-nous des Chré-
[tiens
Marcher sur les pas des Païens?
C'est à Satan qu'on sacrifie,
Qu'on offre le vin et l'encens.
A l'aspect de ce culte impie,
L'horreur s'empare de nos sens.

Dans ces jours de débordement
Le crime règne impunément.
O vous que le torrent entraîne,
Vous croyez que tout est permis !
Avant la sainte Quarantaine
Quels droits le vice a-t-il acquis ?

Est-ce ainsi que sont préparés
Des jours au jeûne consacrés ?
Près de ce temps de pénitence
Chacun s'abandonne au plaisir.
Les excès de l'intempérance
Conduisent-ils au repentir ?

L'Eglise, la cendre à la main,
Dira bientôt au genre humain :
«Ressouviens-toi de la poussière
»D'où l'Eternel te fit sortir ;
»Dans peu, terminant ta carrière,
»Pour toi le monde va finir.»

Insensé, le tombeau t'attend !
Sais-tu qu'il ne faut qu'un instant
Pour que la mort t'y précipite ?
Crains que les terribles arrêts
Que ta vie impure mérite,
Ne t'accablent de vains regrets.

---

### Difformité du péché.
*aa* 3, *p.* 41, *n°* 45.

Oh! si l'on pouvait bien com-
[prendre
Du péché l'horrible laideur,
A ses attraits loin de se rendre,
On le fuirait avec horreur.

Le mortel qui se rend coupable
Méprise le souverain Roi :
Par une malice exécrable,
Il foule aux pieds sa sainte loi.

Un bien passager et frivole,
Un faux plaisir, un faux honneur,
Voilà la détestable idole
Mise à la place du Seigneur.

Le pécheur, loin de reconnaître
D'un Dieu la libéralité,
Se sert contre ce divin Maître
Des dons mêmes de sa bonté.

Eh quoi donc ! l'homme, ver de
[terre,
Vile poussière et pur néant,
Ose à Dieu déclarer la guerre !
Quel attentat plus étonnant !

Maudit péché, néant rebelle,
Ton aspect me remplit d'effroi.
Oh ! que ta blessure est cruelle !
Malheur à qui se livre à toi !

Tant de désastres lamentables
Qui désolent tout l'univers,
Les maux les plus épouvantables,
O péché ! sont tes fruits amers.

Que tu renfermes d'injustice
Et d'ingratitude à la fois !
C'est pour expier ta malice,
Qu'il faut qu'un Dieu soit mis en
[croix.

Tu portes la mort dans les âmes
Qui suivent tes trompeurs at-
[traits ;
Tu leur fais mériter des flammes
Qui les brûleront à jamais.

Loin de mon cœur, péché funeste,
Ta seule ombre doit m'alarmer :
Je te renonce et te déteste ;
Plutôt mourir que de t'aimer.

---

**Passion.**

*a h* 5, *p.* 55, *n°* 73.

*Jésus au jardin des Olives.*

Est-ce vous que je vois, ô mon Maître adorable,
Pâle, abattu, sanglant, victime de douleurs ?
Fallait-il, à ce prix, racheter un coupable,
Qui même à votre sang ne mêla pas ses pleurs ?

*Jésus trahi.*

Judas vous livre aux Juifs dans sa fureur extrême ;
Peut-il à cet excès, le traître, vous haïr !
Comme lui, mille fois je dis que je vous aime,
Et je ne rougis point, ingrat, de vous trahir.

*Jésus pris.*

On vous charge de fers, innocente Victime ;
Peuple, prêtres et roi, tous s'arment contre vous ;
Si le Ciel est si lent à venger un tel crime,
C'est votre amour, Jésus, qui suspend son courroux.

*Jésus moqué.*

On vous couvre d'affronts, on vous raille, on vous frappe ;
Mépris, soufflets, crachats, rien ne peut vous aigrir ;
Nul murmure secret, nul mot ne vous échappe ;
Et moi, sans éclater, je ne puis rien souffrir.

*Jésus flagellé.*

O barbare fureur ! dans son sang un Dieu nage !
Sur lui mille bourreaux s'acharnent tour à tour,
Ils redoublent leurs coups, ils épuisent leur rage ;
Mais rien ne peut jamais affaiblir son amour.

*Jésus couronné d'épines.*

Quand je vois mon Sauveur, mon Chef et mon Modèle,
Ceint d'un bandeau sanglant d'épines de douleurs,
Combien dois-je rougir, lâche, infâme, infidèle,
D'aimer à me plonger dans le sein des douceurs ?

*Jésus crucifié.*

Quel spectacle effrayant! ô ciel, quelle justice !
Jésus, quoique innocent, en croix meurt attaché ;
Un Dieu juste, un Dieu bon ordonne ce supplice ;
Jugez de là, mortels, quel mal est le péché.

*Jésus élevé en croix.*

Votre Fils, expirant entre vous et la terre,
Est comme un bouclier qui pare tous vos coups ;
S'il vous plaît de nous perdre, il faut que le tonnerre
Frappe ce Fils chéri pour venir jusqu'à nous.

*Réflexion.*

Tu le vois mort, pécheur, ce Dieu qui t'a fait naître !
Sa mort est ton ouvrage, et devient ton appui ;
A ce trait de bonté, tu dois au moins connaître,
Que s'il est mort pour toi tu dois vivre pour lui.

*Conclusion.*

O victime d'amour ! ô noble sacrifice !
O sanglante agonie ! ô cruelles rigueurs !
O trépas bienheureux ! salutaire supplice,
Vous serez à jamais l'entretien de nos cœurs.

---

**Stabat mater.**

Dans ce temps on peut aussi chanter les cantiques en l'honneur du Sacré-Cœur, et ceux
pour les prières des Quarante Heures

*a i 1, p. 58, n° 76.*

Tandis que le Sauveur, par un cruel supplice,
Consommait sur la croix son sanglant sacrifice,
Immobile à ses pieds, les yeux baignés de pleurs,
Marie était livrée aux plus vives douleurs.

Quels torrents d'amertume inondèrent son âme !
Quel supplice, grand Dieu, pour l'amour qui l'enflamme,
Quel glaive de douleur ! quels subits tremblements,
En voyant son cher Fils au milieu des tourments !

Quel homme, en ce moment, témoin de ses alarmes,
Serait assez cruel pour retenir ses larmes ?
Qui serait insensible à son affliction,
Et ne ressentirait sa désolation ?

Ainsi que son cher Fils, à la douleur livrée,
De fiel et d'amertume elle fut abreuvée ;
Ressentit les tourments que souffrait le Sauveur,
Et ce que lui coûtait le salut du pécheur.

Elle vit des bourreaux la rage étincelante,
Du sang de son cher Fils la terre ruisselante ;
Et pour comble de maux, un supplice honteux
Le fait dans les douleurs expirer à ses yeux.

De l'amour le plus pur, ô source intarissable !
Je partage avec toi le chagrin qui t'accable :
Fais-moi donc ressentir ces pointes de douleur,
Qui dans ce même instant te percèrent le cœur.

De l'amour de Jésus que mon âme enflammée
S'efforce de lui plaire et puisse en être aimée ;
Que de ce même trait dont ce cœur fut percé,
Le mien reste toujours profondément blessé.

Puisqu'à souffrir pour moi son seul amour l'engage,
Est-ce trop qu'avec lui ses peines je partage ?
Oui, je veux sur sa mort sans cesse méditer,
Mêler mes pleurs à ceux que je te vois verser.

C'en est fait, désormais compagnon de tes larmes,
J'embrasserai la croix, j'y trouverai des charmes ;
De l'amour de Jésus mon cœur tout enivré
Aux douleurs qu'il ressent voudrait être livré.

Vierge, dont les bontés égalent la puissance,
Tout pécheur que je suis j'implore ta clémence ;
Daigne m'être propice et diriger mes pas,
Et surtout au grand jour ne m'abandonne pas.

Que la croix de Jésus soit alors mon refuge,
Et toi, Vierge sans tache, obtiens-moi de mon Juge
Le secours de sa grâce à mon dernier instant,
Je le demande au nom de mon Sauveur mourant.

Lorsqu'enfin de son corps mon âme séparée
Sera de ses liens pour toujours délivrée,
Daigne alors couronner l'ardeur de ses désirs,
En lui faisant goûter les éternels plaisirs.

---

**Sentiments de componction à la vue de Jésus mourant.**

*a d 10, p. 23, n° 8.*

Pleurez, mes yeux, pleurez, Jésus expire ;
Son amour seul l'a cloué sur ce bois :
Suivez, mon cœur, l'amour qu'il vous inspire,
Attachez-vous avec lui sur la croix.

D'un Dieu souffrant considérez les peines :
Il est chargé des maux les plus affreux ;
De tous côtés le sang sort de ses veines ;
Pécheurs ingrats, sur lui jetez les yeux.

Fut-il jamais un plus cruel martyre ?
Il est meurtri, ses tourments font horreur.
Pour des ingrats, sur la croix il expire ;
Est-il douleur semblable à sa douleur ?

Perfide cœur, quel parti dois-tu suivre ?
Il souffre, hélas ! tout ce qu'on peut souffrir ;
Et s'il ne meurt, ingrat, tu ne peux vivre ;
Mais le voyant, peux-tu ne pas mourir ?

Ah ! quand je pense à votre amour extrême,
Quand je vous vois souffrir ce dur trépas,
Hélas ! mon Dieu, c'en est trop ; je vous aime :
Mes pleurs, Jésus, ne le disent-ils pas ?

---

### L'âme pénitente à la vue de la croix.

*a h 3, p. 54, n° 71.*

D'un Sauveur sur la croix rappelons la mémoire,
Allons tous écouter la voix de ses douleurs.
S'il faut mourir, mourons avec le Roi de gloire ;
Au moins avec son sang allons mêler nos pleurs.

O vous tous qui passez, voyez mes maux extrêmes ;
Vos cœurs sont attendris de mon malheureux sort :
Pleurez, hélas ! pleurez encor plus sur vous-mêmes,
Vos pleurs serviront mieux qu'à gémir sur ma mort.

Voyez, d'un Dieu vengeur, sur moi la main s'étendre :
Ah ! si quoique innocent, je suis ainsi traité,
Vous, coupables mortels, que devez-vous attendre
De ce grand Dieu, par vous, tant de fois outragé ?

Pour vous, pécheurs, pour vous je me suis fait victime ;
Pour vous, je vois mon sang de mes veines couler :
Qu'il serve au moins, ingrats, à laver votre crime,
Et qu'il apaise un Dieu prêt à vous immoler.

Mon âme, à tant d'amour n'opposons plus la haine ;
Dans les bras de Jésus jetons-nous aujourd'hui ;
De son aimable joug, reprends la douce chaîne ;
C'est pour nous qu'il est mort ; vivons au moins pour lui.

D'un malheur éternel, votre mort me délivre :
Vous me tendez les bras, recevez ce pécheur.

Je ne suis plus à moi, pour vous seul je veux vivre,
Et vous seul pour toujours régnerez dans mon cœur.

Je me jette à tes pieds, ô Croix, chaire sublime,
D'où le Dieu de douleurs instruit tout l'univers ;
Saint autel où l'amour consume la victime ;
Arbre où mon Rédempteur vient suspendre mes fers ;

Etendard de mon Chef qui marche à notre tête :
Tribunal où j'adore et mon Juge et mon Roi ;
Trône et char du vainqueur dont je suis la conquête :
Lit où je pris le jour, que j'expire sur toi !

---

### En l'honneur de la sainte Croix.

*as 4, p. 69, n° 96.*

Aimons Jésus pour nous en croix ;
N'est-il pas bien juste qu'on
[l'aime,
Puisqu'en expirant sur ce bois
Il nous aima plus que lui-même ?
Chrétiens, chantons à haute voix :
Vive Jésus, vive sa croix.

Gloire à cette divine croix ;
Le Sauveur l'ayant épousée,
Elle n'est plus, comme autrefois,
Un objet d'horreur, de risée.
    Chrétiens, etc.

Gloire à cette divine croix,
Arbre dont le fruit salutaire
Répare le mal qu'autrefois
Fit le péché du premier père.
    Chrétiens, etc.

Gloire à cette divine croix,
C'est l'étendard de sa victoire :
Par elle il nous donna ses lois,
Par elle il entra dans sa gloire.
    Chrétiens, etc.

Gloire à cette divine croix,
De tous nos biens source féconde,
Qui, dans le sang du Roi des rois,
A lavé le péché du monde.
    Chrétiens, etc.

Gloire à cette divine croix,
La chaire de son éloquence,
Où, me prêchant ce que je crois,
Il m'apprend tout par son silence.
    Chrétiens, etc.

Gloire à cette divine croix :
Ce n'est pas le bois que j'adore,
Mais c'est mon Sauveur sur ce
[bois
Que je révère et que j'implore.
    Chrétiens, etc.

Avec Jésus aimons sa croix ;
Prenons-la pour notre partage ;
Ce juste, cet aimable choix
Conduit au céleste héritage.
    Chrétiens, etc.

## FÊTE DE PAQUES.

### Même sujet.

*aa 4, p. 41, n° 46.*

Vainqueur de l'enfer et du
[monde,
Pour nous, Jésus sort du tom-
[beau ;
Aux horreurs d'une nuit profonde
Succède le jour le plus beau.

En proie aux plus vives alarmes,
Nous gémissons sur nos mal-
[heurs :
Nos yeux s'ouvraient sans cesse
[aux larmes,
Nous mangions un pain de dou-
[leurs.

La joie a fait fuir la tristesse;
Peuple heureux, peuple racheté,
Qu'aujourd'hui ta sainte allé-
[gresse
Chante Jésus ressuscité.

Oh! que renferme ce mystère,
De dons, de grâces, de bienfaits !

Tout nous y peint le caractère
De la victoire et de la paix.

O Jésus! toi dont la tendresse
Egale en tout temps le pouvoir,
Remplis envers nous ta promesse
Et mets le comble à notre espoir.

Et de la mort et de l'abîme,
Toi, qui tiens les clés dans tes
[mains,
Daigne nous préserver du crime
Qui seul y plonge les humains.

Par l'opprobre et par la souffrance
Tu nous rachètes, Dieu Sauveur ;
Fais-nous marcher avec cons-
[tance
Dans le chemin du vrai bonheur.

Qu'un jour, ayant part à ta gloire,
Nos voix célèbrent à jamais
Et ton triomphe et ta victoire,
Dans le royaume de la paix.

---

### Persévérance.

(Protestation de Fidélité, ad 36, p. 36, n° 26. Le monde en vain par ses biens, n° 45 du grand Recueil pour les paroles.)

*an 2, p. 62, n° 84.*

Dieu rempli de bonté,
Vous avez écouté
Les regrets d'un coupable ;
Pour rendre à l'avenir
Son changement durable,
Daignez le soutenir.

Ne permettez jamais
Que de trompeurs attraits
L'entraînent dans le vice.
Que, par votre secours,
L'amour de la justice
Règne en lui pour toujours !

Dans ce monde pervers,
Mille ennemis divers
Attaquent l'innocence :
Tel est notre malheur !
Souvent notre inconstance
Rend le péché vainqueur.

Quel déplorable exil !
Toujours être en péril !
Toujours dans les alarmes !
Roi souverain des cieux,
Soyez témoin des larmes
Qui coulent de mes yeux.

Puis-je être sans effroi,
Quand je ne trouve en moi
Qu'une extrême faiblesse ?
Mon Dieu, mon Créateur,
Défendez-moi sans cesse
Contre mon propre cœur.

De quoi peut me servir
Que, par mon repentir,
Je sois sorti du vice,
Si, par un nouveau choix,
Pour suivre l'injustice,
J'abandonne vos lois ?

Gardez-moi d'un tel sort :
Ah ! plutôt, que la mort
Termine ma carrière !
Tirez-moi d'un séjour
Où je puis vous déplaire
Et perdre votre amour.

Vous ne le perdrez plus,
O bienheureux Elus,
Qui possédez la gloire ;
Sans péril désormais,
Sûrs de votre victoire,
Vous régnez dans la paix.

Quand viendra l'heureux temps
Que sans cesse j'attends,
Où, délivré de crainte,
Et sûr de mon bonheur,
Dans sa demeure sainte
Je verrai le Seigneur !

Plein d'un espoir si doux,
Je veux n'aimer que vous,
Mon Dieu, mon tendre Père :
Augmentez mon amour,
Et que j'y persévère
Jusqu'à mon dernier jour.

---

## ASCENSION.

*a é 4, p. 51, n° 65.*

Divin Jésus, quittant enfin la terre,
Vous remontez à l'empire des cieux ;
Ce corps sacré qui s'éclipse à nos yeux,
Y brille assis à la droite du Père,

O terme heureux de la dure carrière
De tant de croix, d'opprobres, de douleurs !
Dans votre sein quels torrents de douceurs !
Sur votre front quels rayons de lumière !

O quel cortége augmente votre gloire !
Quels doux concerts répètent mille fois :
Au Saint des saints, à Jésus, Roi des rois,
Amour, amour, louange, honneur, victoire !

Souffrez, Seigneur, que dans notre allégresse,
Aux chants des cieux nous unissions nos voix :
Votre triomphe est le nôtre à la fois,
Puisque pour nous votre cœur s'intéresse.

Vous nous allez préparer une place ;
Vous nous allez rendre heureux avec vous :
Mais pour vous suivre, ah ! Jésus, donnez-nous
Dans nos combats l'appui de votre grâce.

Brisez les traits de l'ennemi perfide
Qui nous prétend ravir un si grand bien.
Auprès de vous pour arriver enfin,
Que votre amour soit toujours notre guide.

---

### Bonheur du Paradis.

Même sujet, ad 37, p. 37, Ce bas séjour n'est, nᵒ 52 du grand Recueil des 260 C. pour les paroles.

*a c* 5, *p.* 49, *nᵒ* 61.

Aimer un Dieu du plus parfait amour,
Le posséder sans crainte et sans alarmes,
Voir ce grand Dieu nous aimer à son tour,
O Paradis, voilà quels sont tes charmes.

Hommes charnels qui, jusques à ce jour,
N'avez brûlé que de coupables flammes,
Portez les yeux vers l'immortel séjour ;
Lui seul, lui seul doit enflammer vos âmes.

Venez combler les désirs de mon cœur,
Dieu de bonté, le seul objet que j'aime ;
Venez, venez soulager ma langueur ;
N'êtes-vous pas pour moi le bien suprême ?

Dans cet exil, je soupire après vous ;
Quand viendrez-vous enfin briser mes chaînes ?
De votre absence, ô mon aimable Epoux,
J'ai trop senti les rigoureuses peines.

De vos attraits, que je suis enchanté,
Sainte Sion, mon heureuse patrie !
Vous contempler, éternelle beauté,
C'est là l'espoir dont mon âme est ravie.

---

### Effets de la confirmation.

(Pour la Trinité), *O vaste abîme*, ad, nᵒ 50 grand Recueil des 260 C. pour les paroles.

*as* 3 *p.* 68, *nᵒ* 95.

Quelle nouvelle et sainte ardeur
En ce jour transporte mon âme ?
Je sens que l'Esprit créateur
De son feu tout divin m'enflam-
[me.
C'en est donc fait, je ne crains
[rien,
L'Esprit de force est mon soutien.

Il faut dans un noble combat,
Pour vous, Seigneur, que je
[m'engage ;
Vous m'avez fait votre soldat,
Vous m'en donnerez le courage.
C'en est donc fait, etc.

Du salut le signe sacré

Arme mon front pour ma défense;
Devant lui l'enfer conjuré
Perdra sa funeste puissance.
   C'en est donc fait, etc.

Seigneur, à vos aimables lois
Le grand nombre serait rebelle,
Que mon cœur, constant dans
           [son choix,
Y serait encore plus fidèle.
   C'en est donc fait, etc.

Le mépris d'un monde insensé
Pourrait-il m'alarmer encore?
Loin de m'en trouver offensé,
Je sens aujourd'hui qu'il m'ho—
           [nore.
   C'en est donc fait, etc.

Dans sa fureur, l'impiété
Veut me ravir le bien que j'aime;
Je veux, fort de la vérité,

Lui dire toujours anathème.
   C'en est donc fait, etc.

On a vu de faibles agneaux
Triompher de l'aveugle rage
Et des tyrans et des bourreaux ;
Faible comme eux, Dieu m'en—
           [courage.
   C'en est donc fait, etc.

Enfant des généreux martyrs,
Pussé-je égaler leur constance,
Et trouver mes plus doux plaisirs
Au sein même de la souffrance !
   C'en est donc fait, etc.

A la mort fallût-il s'offrir,
Où perdre, hélas! mon inno—
           [cence;
'Grand Dieu, je consens à mourir,
Ne souffrez pas que je balance.
   C'en est donc fait, etc.

---

## FÊTE DIEU. — SACREMENT DE L'EUCHARISTIE.

—

*a j*, p. 59, n° 78.

Quel spectacle nouveau, quel espoir ravissant
A mes yeux attendris ce saint lieu présente !
Mon Dieu, tu vois nos cœurs dans une vive attente;
Viens du ciel couronner le vœu le plus ardent.

Ah ! nous désirons tous ce prix de ton amour,
De ce don précieux, chef-d'œuvre de tendresse ;
Près de mourir pour nous, tu nous fis la promesse,
Et depuis, tu remplis ce serment chaque jour.

Saint ministre, à l'autel tu me peins le Sauveur,
A son Père en courroux s'offrant en sacrifice :
L'autel, comme la croix, va nous être propice ;
Lui peut-on refuser ses larmes et son cœur ?

Enfants du Roi des rois, si tendrement aimés,
Elevons vers Sion nos yeux baignés de larmes;
Disons : Descends vers nous, ô Dieu si plein de charmes !
De toi seul, tu le sais, nos cœurs sont affamés

## Autre.

Même sujet, ad, 15, Qu'ils sont aimés, grand Dieu, tes tabernacles, n° 85 du grand Recueil des 260 C.

*ac, 4 p. 48, n° 60.*

Vous m'ordonnez, grand Dieu, d'aller à vous,
Et vous voulez être ma nourriture :
Mon cœur soupire après un bien si doux ;
Je ne crains plus, votre amour me rassure.

Vous recevoir, ô Dieu de majesté,
Vous que cent fois j'outrageai dans ma vie.
J'en suis indigne, ô Dieu de sainteté :
Dites un mot, et mon âme est guérie.

Vous êtes grand, immense, tout-puissant,
O Dieu caché sous ces obscurs nuages !
Sans vous y voir, je vous y crois présent :
Moins vous brillez, plus je vous dois d'hommages.

En ce moment, Jésus vient dans mon cœur,
Je le possède, ô bonheur ineffable !
L'esclave heureux y reçoit son Seigneur ;
Il s'en nourrit, et lui devient semblable.

Que vous rendrai-je, ô Dieu, pour tant d'amour ?
Vous donnez tout en vous donnant vous-même :
Je cherche en vain, je me vois sans retour ;
Mais vous savez, Seigneur, que je vous aime.

Divin Jésus, que voulez-vous de moi ?
Je suis en tout soumis à votre empire :
Mon cœur est prêt à suivre votre loi,
Et pour vous seul désormais il soupire.

---

## Même sujet.

*az, p. 73, n° 104.*

Doux Jésus, venez dans nos cœurs
Faire nos plus chères délices ;
Pour nous guérir de nos lan-
[gueurs,
Doux Jésus, venez dans nos
[cœurs ;
Embrasez-nous de vos ardeurs,
Détruisez en nous tous les vices.

Comme à mon Dieu, comme à
[mon Roi,
Sur l'autel je vous rends hom-
[mage ;
Je vous y fais offre de moi,
Comme à mon Dieu, comme à
[mon Roi,
Et j'adore en ce que je vois

Votre corps et non son image.

Oh ! que c'est un repas charmant,
Où Dieu nous sert de nourriture,
On l'y mange réellement :
Oh ! que c'est un repas charmant ;
Le Créateur est l'aliment
De son indigne créature.

Mangeons ce pain délicieux ;
A le manger tout nous convie :
Dès ce monde il nous rend heu-
[reux ;
Mangeons ce pain délicieux :
C'est le pain descendu des cieux,
Le pain de salut et de vie.

---

### Même sujet.

*a d* 20, *p.* 28, *n°* 15.

O saint autel qu'environnent les Anges,
Qu'avec transport aujourd'hui je te vois !
Ici, mon Dieu, l'objet de mes louanges,
M'offre son corps pour la première fois.

O mon Sauveur, mon trésor et ma vie,
Epoux divin dont mon cœur a fait choix,
Venez bientôt couronner mon envie,
Venez à moi pour la première fois.

O doux plaisir ! ô divine allégresse !
Déjà mon cœur s'unit au Roi des rois ;
Il est à moi, le Dieu de ma jeunesse,
Je suis à lui pour la première fois.

O jour heureux, jour à mes vœux propice !
A vous bénir je consacre ma voix :
Le Dieu vivant s'immole en sacrifice,
Et me nourrit pour la première fois.

Embrasez-moi, Dieu d'amour et de gloire,
D'un zèle ardent pour vos aimables lois :
Et pour toujours gravez dans ma mémoire
Ce que je fais pour la première fois.

---

### Même sujet.

*a d* 25, *p.* 30, *n°* 18.

Cédons, mon âme, à Jésus qui te presse ;
En ce moment il vient combler mes vœux !
Il me reçoit, m'embrasse et me caresse,
S'unit à moi par d'ineffables nœuds.

Douce union, mélange inexprimable !
Excès d'amour, prodige de bonté !
Ah ! je deviens au Créateur semblable ;
Il me fait part de sa divinité.

Déjà mon cœur, plein d'un amour extrême,
Boit à longs traits les célestes douceurs ;
Et reposant dans le sein de Dieu même,
Il goûte en paix ses plus douces faveurs.

Monde enchanteur, tu ne saurais me plaire ;
Fuis loin de moi, séducteur odieux.
Rien de mortel ne peut me satisfaire ;
Tout mon amour est pour le Roi des cieux.

Heureux un cœur qui pour Jésus soupire,
Qui, nuit et jour le cherche avec ardeur !
Il voit bientôt terminer son martyre ;
Même ici-bas il trouve le bonheur.

O doux banquet, où, par un saint échange,
Dieu fait sentir son amour le plus vif !
Qui le croirait, sous mes lois il se range ;
Pour me gagner, il devient mon captif.

Je vois l'effet de l'éternel oracle ;
D'un feu divin je me sens enflammé ;
Je ne vis plus ; ô prodige ! ô miracle !
Le Tout-Puissant en lui m'a transformé.

Je me sens transporté d'une vive allégresse ;
Vous remplissez, grand Dieu, tous mes désirs.
Mon cœur est près d'expirer de tendresse :
Où cachiez-vous tant de chastes plaisirs ?

Si je pouvais toujours, en cette vie,
Goûter un bien si parfait et si doux,
Je vous verrais, Séraphins, sans envie,
Et me croirais bienheureux comme vous.

Divin Sauveur, objet seul plein de charmes,
Ah ! demeurez, ne vous éloignez pas :
Vivre sans vous dans ce séjour de larmes,
Serait pour moi plus dur que le trépas.

---

### Même sujet.

*a d 21, p. 28, n° 16.*

Tu vas remplir l'espoir de ma tendresse,
Divin Jésus, digne objet de mes vœux.

O saint amour ! délicieuse ivresse !
Divin Jésus, tu vas me rendre heureux.

Ne tarde plus, doux Sauveur, tendre Père,
Ne tarde plus à visiter mon cœur ;
Rien sans Jésus ne peut le satisfaire,
Tout autre objet est pour lui sans douceur.

Divin Epoux, tu descends dans mon âme ;
C'est aujourd'hui le plus beau de mes jours.
Que tout en moi se ranime et s'enflamme :
Mon doux Jésus, je t'aimerai toujours.

Il est à moi ce Dieu si plein de charmes,
Mon Bien-aimé, mon aimable Sauveur ;
Echappez-vous de mes yeux, douces larmes ;
Coulez, coulez, attestez mon bonheur.

O sort heureux ! ô sort inestimable !
Du saint amour je goûte les douceurs.
D'un feu si beau, si pur, si désirable,
Ah ! que je sente à jamais les ardeurs !

---

## Même sujet.

Même sujet, a e 4, Comblez nos vœux, nᵒ 150 du grand Recueil. — Avant la première communion, a A 1, p. 73, nᵒ 105. Quel doux penser, nᵒ 147 du grand Recueil des 260 C.

### *a d 22, p. 29, nᵒ 17.*

Je l'ai trouvé, le seul objet que j'aime ;
Je l'ai trouvé, je ne le quitte plus ;
Je le possède au milieu de moi-même :
Oui, je le tiens, mon cœur dit : c'est Jésus.

Oui, c'est Jésus, le trésor de la terre,
Oui, c'est Jésus, la richesse des cieux ;
C'est notre Dieu, notre ami, notre père,
Dont la beauté ravit les Bienheureux.

O doux Jésus ! ô source souveraine
Des biens parfaits, des célestes faveurs !
Ah ! liez-moi d'une puissante chaîne,
Eternisez l'union de nos cœurs.

Oui, je le sens, Jésus est dans mon âme,
Par sa présence il réjouit mon cœur ;
Il me console, il m'instruit, il m'enflamme,
Me fait goûter déjà le vrai bonheur.

Pour m'assurer cette joie ineffable,
Je n'aimerai que Jésus mon Sauveur,
Je ne verrai, hors de lui, rien d'aimable.
Il aura seul mon esprit et mon cœur.

---

## Même sujet.

*as* 2, *p.* 67, *n°* 94.

Mon cœur, en ce jour solennel,
Il faut enfin choisir un maître :
Balancer serait criminel,
Quand Dieu seul est digne de
[l'être.
C'en est donc fait, ô Dieu Sau-
[veur,
A vous seul je donne mon cœur.

A qui doit-il appartenir,
Ce cœur qui vous doit l'existence,
Que vous avez daigné nourrir
De votre immortelle substance ?
C'en est donc fait, etc.

A chercher la félicité,
Hélas ! en vain je me consume ;
Loin de vous tout est vanité,
Déplaisir, tristesse, amertume.
C'en est donc fait, etc.

Vous seul pouvez me rendre heu-
[reux ;
Je le sens ; oui, votre présence
A pleinement comblé mes vœux
Et fixé ma longue inconstance.
C'en est donc fait, etc.

Que puis-je désirer de plus ?
Je possède mon Dieu lui-même.
Ah ! tous les biens sont superflus,
Quand on jouit du bien suprême.
C'en est donc fait, etc.

En vain, trop séduisants plaisirs,
Vous faites briller tous vos char-
[mes,

Vous trompez toujours nos dé-
[sirs,
Et vous finissez par des larmes.
C'en est donc fait, etc.

Dans votre festin précieux,
Quelle innocente et douce
[ivresse !
Oh ! quels plaisirs délicieux
Me fait goûter votre tendresse !
C'en est donc fait, etc.

Le monde prétend à tout prix
Qu'à suivre ses lois je m'engage :
Tu n'obtiendras que mon mépris,
Monde aussi trompeur que vola-
C'en est donc fait, etc.      [ge.

Qu'ils sont étonnants vos bien-
[faits ?
Leur grandeur fait mon impuis-
[sance ;
Et comment pourrai-je jamais
Acquitter ma reconnaissance ?
C'en est donc fait, etc.

Vous voulez bien me demander
De mon cœur la chétive offrande :
Hésiterais-je d'accorder
Ce que le Tout-puissant demande ?
C'en est donc fait, etc.

Oui, ce cœur vous est consacré ;
Je veux que toujours il vous aime,
J'en atteste le don sacré
Qu'il tient de votre amour ex-
[trême.
C'en est donc fait, etc.

### Après la première communion.

*a d 7, p. 21, n° 6.*

Qu'on est heureux au printemps de son âge !
Jésus chérit et bénit les enfants :
Jésus se plaît à leur simple langage,
Jésus se plaît à leurs vœux innocents.

Nous l'éprouvons, il ne peut plus attendre
A couronner les vœux que nous formons :
O le bon Maître ! ô l'ami le plus tendre !
Bientôt enfin nous le posséderons.

Nos chers parents, secondez l'allégresse
Qui se répand en tous nos jeunes cœurs ;
Ah ! bénissons de Jésus la tendresse,
Bénissons tous de Jésus les faveurs.

---

### Sacrement de Confirmation.

Venez, Créateur de. aa 41 (57).

*a f, p. 52, n° 67.*

Venez, venez, Esprit-Saint, dans mon cœur,
Embrasez-le de la plus vive ardeur :
Faites qu'instruit des lois de votre amour,
Enfin j'arrive au céleste séjour.

Accordez-moi, Seigneur, Dieu de bonté,
Le don sacré de votre charité :
Par votre esprit, principe de tout bien,
Venez en moi former un cœur chrétien.

---

### SACREMENT DE BAPTÊME.

#### Rénovation des vœux du baptême.

*a b 1, p. 45, n° 53.*

J'engageai ma promesse au baptême,
Mais pour moi d'autres firent serment :
Dans ce jour je vais parler moi-même,
Je m'engage aujourd'hui librement.
     Je m'engage, etc.

Je crois donc en un Dieu trois personnes,
De mon sang je signerai ma foi :
Faible esprit, vainement tu raisonnes,
Je m'engage à le croire, et je crois.
     Je m'engage, etc.

A la foi de ce premier mystère,
Je joindrai la foi d'un Dieu Sauveur ;
Sous les lois de l'Eglise ma mère,
Je m'engage et d'esprit et de cœur.
    Je m'engage, etc.

Sur les Fonts, dans une eau salutaire,
Pour enfant Dieu daigna m'adopter ;
Si j'en ai souillé le caractère,
Je m'engage à le mieux respecter.
    Je m'engage, etc.

Je renonce aux pompes de ce monde,
A la chair, à tous ses vains attraits :
Loin de moi, Satan, esprit immonde,
Je m'engage à te fuir pour jamais.
    Je m'engage, etc.

Faux plaisirs, source infâme de vices,
Trop longtemps vous fûtes mon amour ;
Je renonce à vos fausses délices,
Je m'engage à Dieu seul sans retour.
    Je m'engage, etc.

Oui, mon Dieu, votre seul Evangile
Réglera mon esprit et mes mœurs :
Dussiez-vous en frémir, chair fragile,
Je m'engage à toutes ses rigueurs.
    Je m'engage, etc.

Ah ! Seigneur, qui sait bien vous connaître
Sent bientôt que votre joug est doux :
C'en est fait, je n'ai point d'autre maître ;
Je m'engage à ne servir que vous.
    Je m'engage, etc.

Sur vos pas, ô mon divin modèle,
Plus heureux qu'à la suite des rois,
Plein d'horreur pour ce monde infidèle,
Je m'engage à porter votre croix.
    Je m'engage, etc.

Si le ciel, d'un moment de souffrance,
Doit, Seigneur, être le prix un jour,
Animé par cette récompense,
Je m'engage à tout pour votre amour.
    Je m'engage, etc.

—

## FÊTE DU SACRÉ-COEUR DE JÉSUS.

—

**Sentiments d'amour envers le cœur de Jésus.**

*a c* 5, *p.* 49, *n°* 61.

Pour me gagner tu m'offres ton amour,
Cœur de Jésus ! tu veux donc que je t'aime !
Ai-je besoin de la loi du retour ?
Quoi ! n'es-tu pas pour moi le bien suprême ?

O cœur sacré ! daigne agréer le mien ;
Oui, c'est vers toi, vers toi seul qu'il aspire :
En lui tu vois ta conquête et ton bien,
Heureux d'entrer sous ton aimable empire.

N'aimer que toi, c'est mon plus doux plaisir ;
Vivre pour toi, c'est mon unique envie ;
Souffrir pour toi, c'est mon plus vif désir ;
Mourir pour toi, c'est ma plus belle vie.

Divin Jésus ! tu m'offres ton amour ;
Ah ! qu'à l'instant il ravisse mon âme !
Donne-le moi, je t'en prie à mon tour ;
C'est le seul bien dont la beauté m'enflamme.

Détruis le mal que ton œil voit en moi,
L'attrait des sens, les goûts de la nature ;
Anéantis tout ce qui n'est pas toi,
Et mon amour va croître sans mesure.

---

**Acte de dévouement au cœur de Jésus.**

*as* 2, *p.* 67, *n°* 94.

Jésus, je vous donne mon cœur,
Ce cœur qui pour vous seul sou-
[pire ;
Pour lui, mon aimable Sauveur,
Le vôtre a souffert le martyre.
Hélas ! par un juste retour,
Que ne puis-je expirer d'amour !

Aimable Jésus, qu'il m'est doux
De vous dire que je vous aime !

Si je n'aime rien tant que vous,
Je sais que vous m'aimez de mê-
[me.
Hélas ! mon Jésus, dès ce jour,
Que ne puis-je expirer d'amour !

Jésus, mon soutien, mon espoir,
Pourquoi prolongez-vous ma
[vie,
Aimable Jésus, pour vous voir,

Quand me sera-t-elle ravie ?
Que ne vient-il cet heureux jour
Où je puisse expirer d'amour !

Affranchi des liens du corps,
L'amour me prêtera ses ailes ;
Je m'unirai, dans mes transports,
A tant de beautés immortelles.
Hélas ! mon Jésus, en ce jour,
Que ne puis-je expirer d'amour !

Si, pour expier mes forfaits,
Je languis loin de ma patrie,

Au moins, à chanter vos bienfaits
Je veux passer toute ma vie :
Ah ! faites en ce dernier jour
Que pour vous j'expire d'amour !

Cœur de Jésus, cœur bienfaisant,
Et vous, cœur tendre de Marie,
Secourez-moi dans le moment
Où j'abandonnerai la vie.
Cœurs si doux, faites en ce jour
Que pour vous j'expire d'amour !

---

## FÊTE DE LA DEDICACE.

—

### La durée immortelle de l'Eglise.

Même sujet. *ah* 7. O Dieu de ta grandeur j'adore le mystère (n° 84).
*Plaintes et espérances de l'Eglise, a d* 18. Permettras tu que ton culte périsse (n° 86).

*a h* 2, *p.* 54, *n°* 70.

Elle triomphera cette Eglise immortelle ;
Dieu saura dissiper de perfides complots :
Des méchants conjurés la ligue criminelle
De leur rage à ses pieds verra briser les flots.

Elle voit de l'enfer les fureurs déchaînées,
De son tronc vénérable affermir la vigueur,
Tandis que sans honneur languissent desséchées
Les branches qu'infecta le poison de l'erreur.

Arbre faible en naissant et battu par l'orage,
Elle étend aujourd'hui sur cent peuples divers
De ses rameaux sacrés le salutaire ombrage,
Et sa gloire finit où finit l'univers.

---

# PROPRE DES SAINTS.

—

### Tableau du ciel.

*a a* 7, *p.* 43, *n°* 49.

Quels accords, quels concerts au-
[gustes !
Quelle pompe éblouit mes yeux !
Fais silence à l'aspect des justes,
O terre, entends les chants des
[cieux.

O divine, ô tendre harmonie !
Les Saints, dans des transports
[d'amour.
Chantent la grandeur infinie
Du Dieu dont ils forment la cour.

7.

Quel spectacle ! un Dieu sans
[nuage
Se montre aux yeux des Bien—
[heureux ;
Ils contemplent de son visage
Les traits sereins et lumineux.

Le Seigneur transporte leur âme
Par les plus doux ravissements ;
La sainte ardeur qui les enflamme
Les nourrit de feux renaissants.

Je vois, à l'ombre de ses ailes,
Ces saints dont l'éloquente voix
Confondit les esprits rebelles,
Et donna des leçons aux rois.

De la nouvelle Babylone
Les martyrs, ces brillants vain-
[queurs,
Sont assis auprès de son trône,
Le front ceint d'immortelles
[fleurs.

Les vierges, ces tendres victimes
Du chaste amour pour leur
[Epoux,
Demandent grâce pour nos cri-
[mes,
Et nous dérobent à ses coups.

Que nos voix ici-bas s'unissent
A leurs concerts mélodieux :
Servons le Maître qu'ils bénissent,
Et suivons leurs pas glorieux !

Seigneur, arrête la furie
De l'enfer armé contre nous :
Si tu perdis pour tous la vie,
Tu fis aussi le ciel pour tous.

Daigne nous rendre l'héritage
Que tu promis à notre foi :
Ah ! c'est languir dans l'esclavage
Que de vivre éloigné de toi.

---

## Bonheur du paradis.

*a d* 31, *p.* 33, *n°* 22 *b.*

Sainte Sion, magnifique demeure,
Du vrai bonheur délicieux séjour !
Ah ! que ne puis-je y voler tout-à-l'heure,
Pour vous y voir, ô Dieu de mon amour !

Du Paradis les beautés ravissantes,
Charment mon cœur, enchantent tous mes sens ;
On ne voit là que fêtes innocentes,
Que plaisirs purs et toujours renaissants.

Dans ce séjour toujours douceurs nouvelles ;
Au sein de Dieu, toujours nouveaux plaisirs :
Comment pour vous, ô régions si belles,
Ne seraient pas tous mes vœux, mes désirs !

Dans ce séjour, d'un torrent de délices
L'amour divin inonde tous les cœurs ;
Les Saints, pour prix de quelques sacrifices,
Y sont comblés d'éternelles faveurs.

O Paradis, ô séjour plein de charmes !
Où le Seigneur lui-même, de ses mains,
Daigne essuyer des yeux toutes les larmes,
Et rendre heureux à jamais tous ses Saints !

## Commémoration des fidèles défunts. — Purgatoire.

*a o, p.* 63, *n*° 86.

Au Seigneur, Dieu de vengeance,
Offrons nos lugubres chants ;
Implorons son indulgence,
Pour nos frères gémissants
Qu'encore un reste d'offense
Tient captifs dans les tourments.

Peut–on être inexorable
Aux soupirs de leurs douleurs ?
Du fond d'un gouffre effroyable,
Du sein des feux et des pleurs,
Leurs cris, leur voix lamentable
Nous annoncent leurs malheurs.

A l'autel du sacrifice
Allons fléchir les genoux :
Là, toujours de sa justice
On apaise le courroux ;
Là, toujours son sang propice
Coule et pour eux et pour nous.

O Jésus, sainte victime !
Vois-les d'un œil de douceur.
Détruis les restes du crime
Qui jadis souilla leur cœur ;
Et conduis-les de l'abîme
Dans le sein du vrai bonheur.

Qu'il est doux, qu'il est utile
D'être leurs anges de paix !
Bientôt dans le saint asile
Où se portent leurs souhaits,
Leur zèle, à nos vœux facile,
Vous rendra tous nos bienfaits.

De la céleste colère
Craignons les justes arrêts.
L'ombre, hélas ! la plus légère
Des moins criminels excès,
Dans l'éternelle lumière
Ne pénètrera jamais.

---

## En l'honneur de la Sainte-Vierge et pour ses fêtes.

*a b* 1, *p.* 45, *n*° 54.

En ce jour j'offrirai mes louanges
A Marie, à la Reine des cieux.
M'unissant aux doux concerts
       [des Anges,
Je m'engage à la chanter comme
       [eux.
Sur vos pas, ô divine Marie,
Plus heureux qu' à la suite des
       [rois,
Dès ce jour, et pour toute ma vie,
Je m'engage à vivre sous vos lois.

Si, du démon écoutant le lan-
       [gage,
Des plaisirs j'ai suivi les attraits ;
Je me donne à vous, et sans par-
       [tage,
Je m'engage aujourd'hui pour
       [jamais.

Par un culte et fidèle et sincère,
Par un vif et généreux amour,
A servir, à chérir une mère,
Je m'engage aujourd'hui sans
       [retour,

Mère tendre et si compatissante,
Soutenez, au milieu des combats,
Les efforts d'une âme chance-
       [lante
Qui s'engage à marcher sur vos
       [pas.

Unissez vos voix, peuple fidèle,
Aux accords des Esprits bien-
       [heureux,
Pour chanter les louanges de
       [celle
Qui s'engage à combler tous nos
       [vœux.

## Même sujet.

Le Salve Regina, ad 29. Je vous salue auguste et sainte Reine (no 243).

*a d 6, p. 20, n° 5.*

Vierge sans tache, admirable Marie,
Je veux partout publier vos grandeurs.
Et consacrer tous les jours de ma vie
A vous servir, à vous gagner des cœurs.

Ah! quel plaisir ravissant pour mon âme,
De vous aimer et de penser à vous !
Après l'amour qui pour Jésus m'enflamme,
Votre amour est des amours le plus doux.

Oui, quand je pense, ô Vierge sans pareille,
Qu'un Homme-Dieu vous aura dû le jour,
Mon cœur surpris d'une telle merveille,
Se sent pour vous tout embrasé d'amour.

O sort heureux ! ô sort incomparable !
Après Jésus, vous serez mon appui :
Et vous tiendrez, ô Mère tout aimable,
Le premier rang dans mon cœur après lui.

Vous en serez toujours la seule Reine,
Et votre Fils seul en sera le roi :
Lui, souverain ; vous, sous lui, souveraine ;
Tous deux ensemble y donnerez la loi.

Contre moi seul que tout l'enfer conspire,
Je ne crains rien de sa vaine fureur :
Un cœur soumis à votre aimable empire
Est assuré du souverain bonheur.

---

## Même sujet.

*a d 33, p. 35, n° 23.*

Mère de Dieu, du monde Souveraine,
Vous qui voyez à vos pieds tous les rois,
Je vous choisis aujourd'hui pour ma reine,
Je me soumets pour toujours à vos lois.

Je mets ma gloire à vous marquer mon zèle,
A vous aimer, à vous faire servir,
Ah ! si mon cœur devait être infidèle,
J'aimerais mieux dès à présent mourir.

Secourez-moi, puissante Protectrice,
Secourez-moi jusqu'au dernier soupir ;
Pour que toujours je m'éloigne du vice,
Par vos bontés daignez me secourir.

Vierge sans tache, admirable Marie,
Je veux partout publier vos grandeurs,
Et consacrer tous les jours de ma vie,
A vous servir, à vous gagner des cœurs.

Ah! quel bonheur, Vierge, quand on vous aime !
Quelle douceur ! ah ! quel glorieux sort !
En vous aimant, sûr de plaire à Dieu même,
On se procure une paisible mort.

Pour mériter ce bien inestimable,
Après Jésus vous serez mon appui :
Et vous tiendrez, ô Mère tout aimable,
Le premier rang dans mon cœur après lui.

Vous en serez toujours seule la Reine.
Et votre Fils en sera seul le Roi ;
Lui Souverain, vous, sous lui Souveraine,
Tous deux ensemble y donnerez la loi.

Contre moi seul que tout l'enfer conspire,
Je ne crains rien de sa vaine fureur ;
Un cœur, soumis à votre aimable empire,
Est assuré du souverain bonheur.

---

### Même sujet.

*a d* 28, *p.* 32, *n°* 21.

Reine du ciel, Maîtresse de la terre,
Tout ce qui vit est soumis à ta loi :
Après Celui qui lance le tonnerre,
Dans l'univers rien n'est plus grand que toi.

Que mille voix célèbrent ta puissance,
Et ton triomphe au céleste séjour,
Et tes bienfaits et ta reconnaissance ;
Mais tes enfants chanteront ton amour.

Ta voix puissante obtient à tous les âges
De ton cher Fils les secours bienfaisants :
Ton cœur chérit leurs innocents hommages,
Mais ton amour se prodigue aux enfants.

Si contre moi l'enfer entre en furie,
Par ton secours on m'en verra vainqueur :

Mère du Verbe, ô divine Marie !
Vit-on jamais périr ton serviteur ?

On dit, hélas ! que la tendre jeunesse
Sera pour nous le terme des beaux jours :
Notre printemps refleurira sans cesse,
Reine du ciel, si nous t'aimons toujours.

Selon l'arrêt, lorsque la mort cruelle
De notre vie éteindra le flambeau,
Si tu nous mets à l'ombre de ton aile,
Nous descendrons sans regrets au tombeau.

O douce, ô tendre, ô pieuse Marie !
Toi dont Jésus, mon Dieu, reçut le jour,
Après l'exil de cette triste vie,
Fais-nous le voir dans l'éternel séjour.

---

### Marie, Reine des Anges.

*az, p.* 73, *n°* 104.

Souveraine aimable des cieux,
Ton trône est aussi sur la terre.
Que ton empire est glorieux,
Souveraine aimable des cieux !
Dans tous les temps, dans tous les
[lieux,
On te chérit, on te révère.

Reine de la céleste cour,
Au sein de la cité chérie,
Ta gloire brille en tout son jour,
Reine de la céleste cour.
Tu ravis de joie et d'amour
Les habitants de la patrie.

Anges saints, Esprits glorieux,
Je chante avec vous ses louanges :
Mais un élan délicieux,
Anges saints, Esprits glorieux,
Vous fait tressaillir dans les cieux,
Quand je dis : ô Reine des Anges !

Quand vous chantez à votre tour :
O Mère du chrétien fidèle !
Je crois être au divin séjour,
Quand vous chantez à votre tour ;
Et saisi d'un transport d'amour,
Mon cœur tressaille aussi pour
[elle.

Vous estimez mon sort heureux,
D'être un enfant cher à Marie ;
Ce bonheur comblerait mes
[vœux.
Vous estimez mon sort heureux ;
Mais elle règne dans les cieux,
Et je suis loin de la patrie.

Anges, témoins de mes soupirs,
Offrez à ma divine Mère,
Offrez l'encens de mes désirs,
Anges, témoins de mes soupirs,
Peignez-lui tous les déplaisirs
De mon triste exil sur la terre.

## FÊTES DE LA SAINTE-VIERGE. — ASSOMPTION.

—

### Même sujet.

*a h 6, p. 56, n° 74.*

Anges, applaudissez, et chantez la victoire
De la Mère d'un Dieu qui triomphe en ce jour ;
Après un doux trépas, elle vole à la gloire,
Où la main de son Fils couronne son amour.

Tels les premiers rayons de la naissante aurore
Annoncent du soleil l'agréable retour ;
O Vierge ! ta splendeur, mais plus brillante encore,
A chassé la nuit sombre et ramené le jour.

La lune sous tes pieds, courant dans sa carrière,
Voit près de toi ternir sa céleste clarté ;
Et le soleil, brillant de sa propre lumière,
A l'aspect de tes traits, se trouve sans beauté.

Pour te rendre au séjour où t'attend la couronne,
Avec un saint transport tu quittes ces bas lieux ;
Des Anges à l'envi la troupe t'environne,
Et t'élève en triomphe à la gloire des cieux.

O Vierge ! que ton Fils t'accorde de puissance !
Que par toi sur la terre il verse de faveurs !
Seule au-dessus des Saints quelle prééminence !
Au-dessous de Dieu seul, quel rang ! que de grandeurs !

Vierge admise aux splendeurs du seul Etre adorable,
De tes vives clartés répands sur nous les feux :
Par toi la terre au Ciel fit un don admirable :
De quels dons, à son tour, doit-il combler nos vœux !

Assise au pied du trône où règne Dieu le Père,
O Reine qu'il chérit, sois propice à nos vœux !
Tu peux sur tes enfants désarmer sa colère ;
Tu nous aimes encor, daigne nous rendre heureux.

---

### Litanies de la très-sainte Vierge.

*as 6, p. 70, n° 98.*

Dieu tout puissant, Dieu de bon-
Qui connaissez notre misère,[té,
Touché de notre infirmité,
Calmez votre juste colère.

Nous mettons notre espoir en
                    [vous ;
Seigneur, ayez pitié de nous.
*Chœur.* Nous mettons, etc.

Jésus, adorable Sauveur,
Qui, fléchi par la pénitence,
Abandonnez votre rigueur
Pour exercer votre clémence.
Nous mettons, etc.
    *Chœur.* Nous mettons, etc.

Père de toute éternité,
Fils de Dieu, Rédempteur des
                [hommes,
Esprit, source de sainteté,
Qui voyez l'état où nous sommes,
Nous mettons, etc.
    *Chœur.* Nous mettons, etc.

Unité sans division,
Trois Personnes en une essence,
Trinité sans confusion,
Nous implorons votre assistance.
Nous mettons, etc.
    *Chœur.* Nous mettons, etc.

Marie, ô miroir de pudeur,
Et des Vierges la protectrice,
Comme nous avons le bonheur
D'être admis à votre service,
Nous avons tous recours à vous,
Mère de Dieu, priez pour nous.
    *Chœur.* Nous avons, etc.

Vierge, Mère de Jésus-Christ,
Mère de la grâce divine :
Nulle souillure ne flétrit
Votre vie ou votre origine.
Nous avons, etc.
    *Chœur.* Nous avons, etc.

Mère du bel et chaste amour,
Que le ciel et la terre admire,
Jésus même vous doit le jour,
Il s'est soumis à votre empire.
Nous avons, etc.
    *Chœur.* Nous avons, etc.

Merveille de fidélité,
Parfait miracle de prudence,
Vous avez toute autorité,
Vous n'avez pas moins de clé-
Nous avons, etc.      [mence.
    *Chœur.* Nous avons, etc.

Cause aimable de nos plaisirs,
Rare modèle de justice,
Présentez à Dieu nos désirs,
Et faites qu'il nous soit propice.
Nous avons, etc.
    *Chœur.* Nous avons, etc.

Vase rempli de sainteté,
Vase d'un prix inestimable,
Vase que la Divinité,
Nous rend à jamais honorable.
Nous avons, etc.
    *Chœur.* Nous avons, etc.

Rose mystique, Palais d'or,
Tour de David, inébranlable,
Tour d'ivoire, riche trésor,
En qui tout est incomparable.
Nous avons, etc.
    *Chœur.* Nous avons, etc.

Arche d'alliance et d'amour,
Du matin la brillante Etoile,
Porte de cet heureux séjour
Où Dieu se découvre sans voile.
Nous avons, etc.
    *Chœur.* Nous avons, etc.

Source ineffable de tous biens,
Puissant refuge des coupables,
Secours assuré des chrétiens,
Soulagement des misérables.
Nous avons, etc.
    *Chœur.* Nous avons, etc.

Reine de la terre et des cieux,
Des Patriarches, des Prophètes ;
De tant d'Apôtres glorieux,
De tant d'invincibles Athlètes.
Nous avons, etc.
    *Chœur.* Nous avons, etc.

Reine à qui tous les Confesseurs
Doivent l'honneur de leur vic-
                [toire,
Reine à qui tous les chastes cœurs
Et tous les Saints doivent leur
Nous avons, etc.      [gloire.
    *Chœur.* Nous avons, etc.

Agneau de Dieu dont la bonté
Vous a fait charger de nos crimes,
Pour calmer un Père irrité,
Nous n'avons pas d'autres vic-
[times :
Nous mettons notre espoir en
[vous,
Divin Jésus, exaucez-nous.
*Chœur*. Nous mettons, etc.

Agneau de Dieu qui, sur la croix,
Satisfîtes pour notre offense,
Nous avons ressenti cent fois
Les effets de votre clémence.
Nous mettons, etc.
*Chœur*. Nous mettons, etc.

Agneau de Dieu dont la douceur
Ne permet pas que la justice
Exerce sur nous sa rigueur,
En nous condamnant au supplice.
Nous mettons, etc.
*Chœur*. Nous mettons, etc.

---

### Prière pour la France.

*a d* 35, *p*. 36, *n*° 25.

Dieu tout puissant, de notre humble prière,
Que les accents s'élèvent jusqu'à toi.
Vois à tes pieds tes enfants sur la terre
T'offrant leurs vœux, leur amour et leur foi.

O Dieu d'amour ! notre unique espérance,
Jette sur nous un regard protecteur ;
O Dieu d'amour ! prends pitié de la France,
Conserve-lui son antique splendeur.

Fais de ta grâce éclater la puissance,
En ranimant la justice et la foi ;
Et tous, le cœur plein de reconnaissance,
A jamais nous observerons ta loi.

---

### Invocation à l'Ange gardien.

*a q* 1, *p*. 65, *n*° 90.

Dès que la naissante aurore
A mes regards fait éclore
Les premiers rayons du jour,
Ange puissant qui me guides,
Eclaire mes pas timides
Dans ce ténébreux séjour.

C'est en tes soins que j'espère ;
Offre à mon Juge, à mon Père,
Mes désirs et mes regrets :
Daigne implorer sa clémence,
Et suspendre sa vengeance
Prête à punir mes forfaits.

Que mes malheurs t'intéressent ;
Aux maux divers qui me pressent
Oppose ton bras vainqueur :
Si ma volonté chancelle,
Que ta voix toujours fidèle
Fixe le vœu de mon cœur.

Je sens un poids qui m'accable :
Prête un secours favorable

A mon esprit abattu ;
Loin du vice qui m'entraîne
Que ta bonté me ramène,
Sous le joug de la vertu.

Le démon cherche à me nuire
Le monde, pour me séduire,
M'offre ses charmes pervers ;
Il tente mes sens rebelles :
Mais que craindre sous tes ailes,
Et du monde et des enfers ?

Excite mon indolence,

Ranime ma vigilance
Dans la carrière où je cours :
Que dans sa courte durée,
Je songe à l'heure ignorée
Qui doit terminer mes jours.

Que, par ton bras invincible,
Vainqueur d'un combat terrible,
Je triomphe après ma mort ;
Qu'au ciel, mon âme ravie,
Dans une immortelle vie,
Partage ton heureux sort.

---

### Autre.

*a a 9, p. 44, n° 51.*

Mon bon Ange, je vous salue,
Je vous crois présent en ce lieu :
Ne souffrez pas qu'à votre vue
J'ose jamais offenser Dieu.

Je vous salue et vous révère
Comme un Prince du Paradis,
En qui je trouve un tendre père,
Le plus fidèle des amis.

Plein d'amour, vous veillez sans
[cesse,
Et sur mon âme et sur mon corps ;
Et lorsque l'ennemi me presse,
Vous aidez mes faibles efforts.

De combien d'accidents funestes
Ne m'avez-vous pas préservé !
Sans vos bontés toutes célestes,
De quels biens je serais privé !

Assistez-moi de vos prières ;
Eclairez-moi, guidez mes pas ;
Soulagez-moi dans mes misères ;
Soutenez-moi dans mes combats.

Je vais, par Jésus, à son Père,
Je vais, par Marie, à Jésus ;
Mais après cette aimable Mère,
C'est à vous que je dois le plus.

Que vous rendrai-je, ô mon bon
[Ange,
Pour tant de soins et de bienfaits ?
Que Dieu supplée à ma louange,
Et vous glorifie à jamais !

Tenez-moi toujours compagnie
Dans ce monde où je suis banni,
Afin qu'un jour dans l'autre vie
Je vous sois à jamais uni.

---

### Gloire et bonheur des saints Anges.

Même sujet. — Célestes chœurs, anges du sanctuaire, *ad* 4 (204).

*a h 6, p. 56, n° 74.*

O vous qui contemplez l'Eternel sur son trône,
Sublimes Chérubins, Séraphins glorieux,
Purs Esprits, que l'éclat de la gloire environne,
J'honore vos grandeurs, je vous offre mes vœux.

Publiez qu'il est saint, qu'il est grand, qu'il est sage ;
Célébrez ses bienfaits en tous temps, en tous lieux ;
Et présentez pour nous le plus parfait hommage
A ce Dieu tout puissant qui règne dans les cieux.

Que ne puis-je imiter votre reconnaissance !
Que ne puis-je éprouver l'ardeur de votre amour !
Que ne puis-je égaler la prompte obéissance
Par où vous l'honorez au céleste séjour !

Inspirez-nous l'horreur et la fuite des vices,
Obtenez à nos vœux un favorable accès ;
Secondez nos efforts, et soyez-nous propices ;
Nous mettons en vos mains nos travaux, nos succès.

Ah ! nous vous en prions, soyez notre lumière ;
Faites-nous éviter les piéges de l'erreur,
Et soutenez nos pas dans la sainte carrière
Qui doit se terminer à l'éternel bonheur.

---

### A un saint Patron.

*a a 2, p.* 41, *n°* 58.

O vous qui régnez dans la gloire,
Patron (e) auguste de ces lieux,
Nous honorons votre mémoire,
Nous vous offrons nos humbles
[vœux.
D'immortels rayons de lumière
Ornent votre front glorieux ;
Peut-on trop louer sur la terre
Ce que Dieu même honore aux
[cieux ?
Autrefois, si le monde injuste
Vous fit éprouver ses fureurs,
Aujourd'hui, votre rang auguste
Vous rend l'objet de ses honneurs.
Tandis qu'aux flammes dévoran-
[tes
Vos ennemis sont condamnés,
Au ciel, de palmes éclatantes
Vos mérites sont couronnés.
Prompt à fuir du siècle et du vice
Le faux et dangereux appas,
Vers les sentiers de la justice
Vous avez dirigé vos pas.

Dieu vous donne à nous pour
[modèle,
Votre exemple est notre leçon ;
Que notre âme toujours fidèle
Suive son guide et son Patron.

Sous votre main puissante et
(sainte
Sa providence nous a mis ;
Défendez-nous de toute atteinte
De nos perfides ennemis.

Tandis qu'au rang le plus sublime
Vos vertus vous font élever,
Ne souffrez pas que dans l'abîme
Le vice nous fasse tomber.

Pour suivre constamment .vos
Au chemin de la sainteté, (traces
Sollicitez pour nous les grâces
De l'inépuisable bonté.

Qu'après avoir brûlé de zèle,
Ainsi que vous, pour le Seigneur,
Un jour, dans la gloire éternelle,
Nous partagions votre bonheur.

**Même sujet.**

*as 5, p. 69, n° 97.*

Illustre Saint qui, dans les cieux,
Possédez l'éternelle gloire,
Recevez aujourd'hui nos vœux ;
Nous célébrons votre victoire,
Et les plaisirs toujours nouveaux
Dont Dieu couronne vos travaux.

Dans le sein de la Vérité
Vous voyez toute la nature ;
Dans le feu de la Charité
Vous puisez votre nourriture ;
Et la connaissance et l'amour
Comblent vos désirs tour-à-tour.

Dans sa propre Divinité,
Dieu trouve son bonheur su-
        (prême ;
Pour vous cependant sa bonté
Le rend prodigue de lui-même ;
Sans réserve il se donne à vous :
Quoi de plus beau ! quoi de plus
        (doux !

Pour des travaux courts et légers
Jouir d'un plaisir ineffable !
Vivre sans trouble et sans dangers

Dans un repos inaltérable !
Toujours content, toujours en
Voilà votre sort à jamais.   [paix,

Mais tandis qu'à votre bonheur,
Le Ciel et la terre conspirent ;
Percés d'une vive douleur,
Hélas ! ici nos cœurs soupirent :
Que notre exil est ennuyeux,
En nous voyant si loin des cieux !

Ah ! quand viendra cet heureux
        (jour
Qui doit finir toutes nos peines ?
Lassés de ce triste séjour,
Quand verrons-nous briser nos
        (chaînes ?
Quand vivrons-nous en liberté,
Au sein de l'immortalité ?

Saint protecteur, secourez-nous,
Et soyez sensible à nos larmes :
Puissions-nous bientôt avec vous
Du Paradis goûter les charmes,
Et les plaisirs toujours nouveaux
Dont Dieu couronne vos travaux !

---

**A saint Louis de Gonzague.**

*az, p. 73, n° 104.*

Heureux enfants, accourez tous,
A Louis venez rendre hommage,
De vos amis c'est le plus doux.
Heureux enfants, accourez tous ;
Pour le chanter, unissez-vous,
Il est le patron de votre âge.

Pour lui, tout n'est que vanité ;
Il foule aux pieds le diadême :
Plaisirs, honneurs, talents, beauté
Pour lui, tout n'est que vanité ;
Sa gloire, sa félicité
Est de jouir du Dieu qu'il aime.

Présentez-vous, jeune héros ;
Allez ; et, dans sa Compagnie,
De Jésus suivez les drapeaux.

Présentez-vous, jeune héros,
Allez, par de sanglants travaux,
Imiter l'Auteur de la vie.

La peste ouvre un vaste tombeau.
Rome est en proie à son ravage.
Chacun fuit l'horrible fléau ;
La peste ouvre un vaste tombeau.
Mais vous, Louis, ô tendre
        (agneau !
Venez vous offrir à sa rage.

Animé d'un divin transport ;
Il vole au secours des victimes ;
Brave les horreurs de la mort,
Animé d'un divin transport ;
Et partageant leur triste sort,

Louis expire pour leurs crimes.

Montez au ciel, enfant d'amour,
Allez régner avec les Anges :
Quittez le terrestre séjour,
Montez au ciel, enfant d'amour ;
Que les mortels, en ce beau jour,
Célèbrent partout vos louanges.

Troupe céleste, dans les airs
Entonnez vos sacrés cantiques ;
Unissez-vous à nos concerts,
Troupe céleste, dans les airs,
De Louis, que tout l'univers
Chante les vertus angéliques.

Portes de Sion, ouvrez-vous ;
C'est Gonzague, enfant de Marie.
Ce trésor n'était plus pour nous.
Portes de Sion, ouvrez-vous ;
Le ciel, de la terre jaloux,
Le rappelle dans sa patrie.

Aimable Saint, priez pour nous ;
Obtenez qu'en suivant vos traces,
Au ciel nous montions après vous.
Aimable Saint, priez pour nous ;
Nous implorons, à vos genoux,
Le secours des célestes grâces.

Heureux enfants, etc.

---

## POUR LE SAINT-SACREMENT.

*Paroles de l'air à 7 parties, n° 8, p. 6 de la 1re livraison des Cantiques.*

### O divine Eucharistie.

O divine Eucharistie,
Que vos effets sont puissants !
Qui sait vous goûter oublie
Le monde et ses agréments.
En vous, il trouve la vie,
Son plaisir et son bonheur.
C'est le seul bien qu'il envie,
Et qui remplisse son cœur.

Qu'une âme est favorisée,
Que Dieu comble de ses biens !
Ah ! qu'elle est recompensée,
D'avoir brisé ses liens !
La liberté véritable,
Seigneur, c'est de vous servir.
Que votre joug est aimable ;
J'y veux toujours obéir.

Justes qui, dès votre enfance,
Avez vécu pour le ciel ;
Venez avec confiance,
Venez tous au saint autel,
Ce pain par excellence
Nourrit l'esprit et le cœur,
Et conserve l'innocence
Des bien-aimés du Seigneur.

Pécheurs, que la pénitence
Remet en grâce avec Dieu,
Remplis de reconnaissance,
Venez aussi dans ce lieu :
Quand on a quitté le crime
Et qu'on l'a longtemps pleuré,
On a droit à la victime
Par qui tout est réparé.

Eprouvez-vous, dit l'apôtre,
Avant de manger ce pain.
Soyez vivant, dit un autre,
Et venez à ce festin ;
Mais si votre âme est tachée
De quelque vice secret,
Loin de la table sacrée,
Montrez-nous votre regret.

Ne rien faire que d'utile,
Se former sur Jésus-Christ,
Se régler sur l'Evangile
Et vivre dans son esprit,
Voilà ce que Dieu commande
Pour venir au sacrement ;
Celui qui moins vous demande,
Vous admet indignement.

# TABLE DES MATIÈRES.

# TABLE ALPHABÉTIQUE

## DES PAROLES.

Abbeville. — Imprimerie T. Jeunet, rue Saint-Gilles, 106.